미국으로 입양 간 동생이 돌아왔습니다

미국으로 입양 간
동생이 돌아왔습니다

별 · 지음

당신은 소중합니다.
그런 당신의 삶을 응원합니다.

격려의 글

엄마가
휴가를 나온다면
-정채봉-

하늘나라에 가 계시는 엄마가
하루 휴가를 얻어 오신다면
아니 아니 아니 아니
반나절 반 시간도 안 된다면
단 5분
그래, 5분만 온대도
나는 원이 없겠다.

얼른 엄마 품속에 들어가
엄마와 눈 맞춤을 하고
젖가슴을 만지고
그리고 한 번만이라도
엄마! 하고 소리 내어 불러보고
숨겨놓은 세상사 중
딱 한 가지 억울했던 그 일을 일러바치고
엉엉 울겠다.

두 살에 엄마를 잃은 정채봉 시인이 쓴 이 詩를
별님은 누구보다 잘 이해하시리라 여겨집니다.

 짓눌려지고, 찢기고, 피나고, 멍들었다가,
조금 아물면 다시 덧나는 자신의 이야기를
어떤 묘사로도 그 심연의 무게를 표현할 수 없어,
아주 담담하게 말해야 겨우 말할 수 있는
한 문장 한 문장의 연속입니다.

 그러나 이 책은 메였지만 자유로워지며,
고통스러웠지만 즐거워지며,
겨울에 태어났지만 봄을 살아내는 과정을 보여주며
삶과 존재의 의미를 되찾는 여정입니다.
이 책은 잃어버린 어머니의 품을 절절히 그리워하는
사람들에게 어떻게 어머니의 따뜻함으로 다가설 수
있는 별님이 되었는지를 보여주는 아프고도
아름다운 여행입니다.

예수사랑교회 류태우 목사.

격려의 글

별의 삶을
응원하며

 천장산 자락에서.
삶이 아픈 이들의 회복과 치유, 성장을 위해
"마음손 회복 이야기"를 운영하는 작가 별이
성인 치유동화 '겨울아이'에 이어서
이번에는 '미국으로 입양 간 동생이 돌아왔습니다.'란 책을
출판한다는 소식을 듣고 기뻤습니다.
이 책에는 참으로 가슴 아프고 안타까운
별의 지난날이 담겨있습니다.
누군가와 쉽게 공유할 수 없는 이야기들이지요.

 별은 그런 자신의 아픔을 내놓고
삶의 길 어딘가에서 주저앉아 있을 사람들에게
일어설 수 있다는 위로와 응원의
손길을 내밀고 있습니다.

 비록 지난날에는
자신이 선택하지도 않은 것들 때문에 겪어야 했던

상실과 박탈 때문에 고통스러운 삶을 살았지만
이제 별은 수용과 공감, 치유와 희망이라는 새로운 선로를 삶에
놓고 있습니다.
이제는 혼자만을 위한 투쟁이 아닌 인생길 어딘가에 쓰러져 있을
누군가를 위해서 말이지요.
그래서 그의 존재, 그의 삶이 매우 소중하고도
특별한 것 같습니다.

 보이는 것이 다가 아니고
오히려 중요한 것은 보이지 않는다고 하지요?
드러난 삶의 이면에 있을 그의 존재 이유를 생각하면서
밤하늘 높이 떠서 우주 공간에 빛을 보내고 있을
별이 생각납니다.

 아무쪼록 이 책을 읽게 될 독자들도
각자의 삶에 새로운 수용과 공감, 치유와 희망이라는
새로운 선로를 놓으며,
그 길을 따라 달려보시기를 바랍니다.

장성 세모 책방에서 이현욱 박사.

시작의 글

나만의
행복을 찾아서

 산동네의 저녁이 되면.
하나둘씩 불이 켜지는 집들이 보입니다.
하루 일과를 마치고 돌아오는 가족들의 모습과 분주하게 저녁을 준비하는 엄마의 큰 소리도 들려옵니다.
어린 시절 언덕 위에 우리 집에서 내려다보는 아랫집들의 평범한 저녁 시간이 무척 행복하게 보여 부러웠습니다. 누구에게나 있을 것 같은 이런 평범한 저녁 풍경이 우리 집에는 없었기 때문입니다 어려서 행복한 집에 대해 상상이 참 많았습니다.

 결혼을 하고.
나도 행복한 집을 만들어 보고 싶었습니다.
그래서 행복하게 사는 사람들의 방법을 찾아 그럴싸한 흉내를 내 보았지만, 행복한 사람들을 바라보았던 것과 다르게 나는 행복한 마음이나 감정이 느껴지지 않았습니다.
그때는 행복을 느낄 수 있는 감수성이 내게 없었고 그런 감수성은 어려서부터 행복을 접하며 발달하여 성장한다는 것을 나중에야 알게 되었습니다.

어려서 갖지 못했던 것을 성장한 후엔 더욱 가지고 싶은 결핍을 겪듯이 '행복'이란 나에게 가장 탐나는 물건이 되었습니다.
행복은 사람들마다 다르게 다가옵니다.
 어린 시절 산동네 살며 평범한 저녁 시간을 부러워했던 것처럼, 내가 그리는 행복은 가족들과 함께 저녁을 먹으며 소소한 대화를 나누는 모습인 것을 알게 되었습니다.
 가족들과 마음을 나눌 수 있는 시간이 필요했던 것이죠. 누구나 쉬운 일이지만, 한 번도 해보지 않은 저는 노력을 해야 가능한 일이었습니다.
저는 요즘도 매일 저녁 이 행복을 누리려고 도전합니다.
 늦었지만 나만의 작은 행복을 찾아올 수 있어 다행입니다.
나만의 행복을 몰랐을 때는 행복을 전하는 사람들의 말처럼 긍정적인 생각을 하며 일부러 웃고 즐거운 척해보았지만, 노력한 만큼 쉽게 지친다는 것을 알 수 있었습니다.
시간이 흘러, 나와 행복을 나눌 이웃들이 다양한 모습들로 다가왔습니다.

팍팍한 서울살이의 고충을 나누는 청년들.
불안한 미래로 고민하는 학생들.
이혼 후, 혼자 자녀를 돌보며 힘들어하는 엄마, 아빠.
사는 것이 힘들어 주저앉은 사람들.
가족들과 대화가 되지 않아 누구라도 속을 터놓고 이야기하고 싶은 사람들.
외롭게 늙어가며 누군가와 밥을 함께 먹으면서 마음을 채우고 싶은 노인들.
 다양한 이웃들과 삶의 이야기를 나누다 보면 다시 살아갈 힘을 얻어갑니다. 이들에게 이야기를 들어줄 한 사람이 필요했는데, 내가 이 역할을 하며 행복함을 느낍니다.
이렇게 살아 보니 '나도 내 이야기를 들어줄 가족이 필요했구나!'라는 것을 알게 되었습니다.
저의 행복은 문제가 해결되거나, 돈이 많이 생기거나, 미래에 안전한 보장을 받는 것으로 채워지는 게 아니었습니다. 그저 평범한 일상 속에 잊힐 만한 작은 이야기를 큰 사건인 양 웃으며 전하는 사람과 그 이야기를 듣는 나 사이에 느껴지는 사랑과 서로를 향한 믿음이었습니다.

아버지와 함께 살아오며.
열 명이 넘는 새어머니를 맞이했습니다.
아버지는 가족을 만들어 행복하게 살려고 노력했지만, 매번 실패했습니다. 실패가 거듭될수록 저의 상처도 늘어가며 인간의 신뢰를 잃어 갔습니다.
 이제 와 아버지의 이런 실패의 과정을 글쓰기를 통해 돌아보았습니다. 옛 기억을 떠올리며 일어났던 사건들과 주고받은 대화들을 자세히 살펴보았습니다. 그 가운데서 내가 받은 아픔을 치유하고 결핍을 채우며 연약한 나를 품고 사랑하는 시간을 가졌습니다.

 점차 시간이 흐를수록 지난 과거의 삶에서 벗어나 나를 자유롭게 했습니다. 그리고 내게 가족이란, 사랑이란, 행복이란, 어떤 것인지 아주 구체적이고 실제적으로 알게 하였습니다.
 실패한 아버지의 인생을 보며 얻은 교훈이 이제는 나에게 이웃들을 사랑하며 더불어 살아가는 삶의 길로 발걸음을 인도합니다.
 미국으로 입양된 동생이 찾아온 후, 시작된 혼란스러운 가족과 사랑에 대해 저만의 서툰 이야기를 정리했습니다.
저의 삶의 경험이 글을 읽는 독자분에게 작은 위로와 아픔을 치유하는 힘이 되었으면 좋겠습니다.

별.

목차

첫 만남 · 016

동생이 찾아오기까지 · 042

미국으로 입양되는 과정 · 082

동생을 잃어버린 30년 · 142

동생을 만난 이후 · 200

가족이란 · 228

사랑이란 · 262

1
첫 만남

33년 만에 다시 만난 동생은
기억 속 두 살의 모습이 아니었다.
지금처럼 어른이 된 동생이 두 살에 멈추어진
내 마음의 방으로 들어오기에는
방이 너무 비좁다.

첫 만남

  동생을 만나기 전날 많은 생각이 떠올랐다.
육 개월 전, 우리가 만나자고 약속한 날부터 시작된 생각은 오늘까지 이어지며 만나기 전날이 되자 이제는 긴장감까지 더욱 심해졌다. 자리에 누워 잠이 들기까지 아내와 이런저런 이야기가 오가며 지난 세월 이야기의 꼬리를 물고 이어진다.
'참, 긴 세월에 많은 일이 있었다.'
  내일 삼십삼 년 만에 만나는 동생과 어떤 일이 일어날지 걱정과 긴장으로 인해 잠이 들어야 할 시간이 넘었지만, 정신은 점점 더 또렷해져 간다.
  간혹 해외 입양된 자녀가 가족을 찾아오는 영상을 보면 공항에서 서로 부둥켜 안고 눈물을 흘리는 모습이 나온다. 자녀를 입양 보낼 수밖에 없었던 가족들은 저마다 가슴 아픈 사연을 담고 버틴 세월의 고통이 고스란히 나타나 보는 이로 하여금 애타는 공감을 일으킨다.

 그들에게 정해진 운명의 시간표에 따라 가족을 다시 만나는 시간이 되었을 때, 감격스러워 흘리는 재회의 눈물은 보는 이로 하여금 가족이란 무엇인지 잘 전달하고 있다.

 내일 동생과 만날 때, 나도 이런 눈물을 흘리며 서로를 끌어안는 광경을 보일 수 있을까? 아쉽게도 나는 동생에게 그런 감동이 느껴지지 않는다. 지금 내 기분은 재회의 기쁨보다 내 삶에 왜 이런 일이 일어나는지 남의 일처럼 바라보고만 있다.

 '왜 여태껏 삶의 아픔이 멈추지 않고 나를 따라다니는 것일까?

이것이 내 운명인가!'

이런 생각이 든다.

 동생이 미국에서 여기까지 찾아왔으니 만나야 할 준비를 하고 있으나 동생을 바라보는 나는 아무런 감정도 느껴지지 않는다.

솔직히 전혀 기쁘지 않고 오히려 화가 난다.

난 동생을 만나고 싶지도 않다.

첫 만남

입양을 보낸 동생을 생각하면 솟구치는 울분으로 화가 나서 좀처럼 견딜 수가 없다. 입양을 보내고 그 일을 저지른 사람들은 간데없고 고통의 피해자들만이 스스로 이 일을 해결하려 하고 있음에 분통이 터진다.

 겨우 평정심을 유지하던 마음에 파도가 휘몰아치며 이런 아픔을 물려준 아버지가 미워진다. 또 동생의 생모인 석철이 엄마도 너무 무책임하다. 이런 결과를 만든 것에 대해 두 사람 면 전에 대고 거칠게 따지고 싶다.

"왜 이렇게 살아왔냐고!

왜!"

씩씩거림이 좀처럼 풀리지 않는다.

 내가 이상한 건지 아내에게 물어보았다. 아내는 가족 상황이 다 다르니 감정도 다르지 않겠냐고, 나를 다독여 주어 마음을 겨우 진정시키고 있다.

 시간이 새벽 두 시가 넘어가며 어서 빨리 자야 한다는 생각에 마음이 조급하지만 잠이 올 기미는 보이지 않고 몸만 지쳐간다. 동생을 다시 만나기까지 이어지는 생각을 멈추려 계속 몸을 뒤척여 본다.

흠.

안개가 자욱한 저수지 옆길을 따라 산으로 올라갔다.
처음 가보는 길인데 낯설게 느껴지지 않았다.
왜 산으로 가야 했는지 잘 모르지만, 산으로 가는 길에 가득한 안개가 싫었다.
 특별한 날이라 그런지, 꿈도 예사롭지 않다.

 푸석한 얼굴로 아침에 일어나니 머리가 몽롱하다.
열두 시까지 명동으로 가려면 집에서는 삼십 분이면 될 것 같아 여유롭지만, 집에서 기다리는 것이 답답하고 시간이 더디게 흘러갔다.
 늦은 아침을 먹고 아내와 전철을 탔다.
'정말 동생을 만나게 되는가.'
심장이 두근댄다.
 전철을 타고 가는 동안 석철이가 태어난 당시의 불안함이 단숨에 수십 년을 지나 지금 나에게 전달된다.
사지가 떨리는 당시의 두려움이 몸으로 느껴진다.
나는 지금 진짜 동생을 만나러 가고 있다.
나는 애써 멀쩡한 듯 긴장감을 감추고 아내에게 오늘 일어날 일을 예상하며 말을 건넸다. 하지만 난 지금 매우 불안한 상태이다.
 전철을 타고 가는 동안 동생을 만나 무엇을 할 것인지 계획이 떠오르지 않는다. 평소 내 성격으로는 일정을 척척 세웠겠지만, 오늘은 도무지 아무 생각도 나질 않는다.

한국어를 못하는 동생과 영어를 못하는 내가 대화나 제대로 나눌 수 있을까?

 동생을 만나면 호텔에서 데리고 나와 집으로 와서 지내야 하는지, 점심을 어떻게 먹어야 하는지, 한국과 미국의 만남 차이를 거부감 없이 하려면 어떻게 해야 하는지, 만나서 해야 할 일을 이리저리 찾아본다.

하지만 아무런 생각이 나질 않는다.

내가 이토록 긴장이 높은 사람이 아닌데.

 솔직히 난 오늘 만남 자체를 수용하지 못하고 있다. 동생을 입양 보낸 일을 인정하지 못하니 그렇다. 그러다 보니 다시 돌아온 동생과의 재회를 마음으로 거부하는 것 같다.

 또한 그가 진짜 내 동생인지 의심도 사라지지 않는다. 혹시 가족을 잘못 찾아온 것이라면 마음은 아프지만 어쩔 수 없이 서로 발길을 돌리겠지.

 이런저런 생각을 하는 동안 동생을 만나기 위해 약속 장소인 명동 롯데호텔에 도착했다. 사십 분 일찍 도착하여 1층 로비에서 서성이는데 주변 사물이 눈에 들어오지 않는다.

 이제 정말 도착했다.

잃어버린 동생이 곧 나올 것이다.
나는 이 시간이 낯설고 생소하다.
이게 사실인지 헛웃음이 나온다.
'허허, 참.
돌쟁이 아기가 미국으로 입양을 간 뒤 가족을 찾아오다니.
얼굴도 모르는 형을 찾아오다니.
어떻게 내 삶에 이런 일이 일어난 것일까?'
 내 삶에 이런 시간이 올 것은 전혀 예상하지 못했다. 오히려 이런 기적 같은 일이 일어난 것이 내게 더 불편함이다.
 기억 속의 두 살 동생이 미국으로 입양을 간 후, 삼십삼 년이 지나 가족을 찾아온다는 것은 내가 어떤 감정을 느껴야 할지 아직 잘 모르겠다.
내가 느껴야 할 감정은 드라마에서 본 것처럼 가족애를 재확인하는 폭풍 오열이어야 남들이 보기에 바른 모습일 텐데…….
 동생을 만나기 위해 만남의 장소에 도착했음에도 여전히 우리를 헤어지게 만들고 아프게 했던 장본인들, 아버지와 그 어머니들에 대한 분노와 증오가 계속 올라온다.
'이렇게 무책임할 수 있을까!'
그들의 무책임으로 가족 전체에 미친 고통과 인생의 짐이 오십이 넘은 나에게 지금도 진행 중이다.

생각할수록 깊은 한숨이 나온다.
 한편으로는 이러한 분노로 인해 혹시나 나를 조절하지 못하고 먼 곳에서 찾아온 동생에게 또 다른 아픔을 줄까 봐, 조심스럽고 조바심이 난다.

'으음!
그래, 마음을 차분하게 하자.
동생이 무슨 죄인가!
동생도 매우 힘들었을 텐데…….'
스스로 나를 다독이며 약속 시간을 기다린다.

 약속 시간까지 나는 가만히 있지 못하고 동생이 타고 내려올 것으로 예상되는 엘리베이터 방향을 주시하며 호텔 로비를 계속 서성이며 몇 바퀴를 돌았다.
 곧 동생이 모습을 보일 것인데, 이 초조한 시간은 길게만 느껴진다. 같이 온 아내가 있어서 아무렇지도 않은 척 이야기를 나누지만 내 마음은 지금 여기에 있지 않다. 내가 지금 어디에 있어야 할지 내 위치를 잘 모르겠다.

 육 개월 전 동생과 만남을 약속한 이후, 두 주간 나는 일상생활에 적응하지 못했다.

어느 것에도 집중할 수가 없었다.
온통 그 아이를 만나 어떻게 될까?
막연함이 가득했다.

 어렵사리 서울살이에 막 적응해 넉넉지 않은 집에 동생을 데려와 잠이라도 재워야 할까, 우리나라 여행이라도 시켜주어야 하나. 미국인인데 음식은 어떻게 맞추나.

 잠자리에 들면 기다렸다는 듯이 생각은 파도치듯 밀려온다. 동생을 만나야 하는 당연한 일이 내 마음에서는 아직 준비되지 않았다는 것을 매일매일 증명한다.

 이러한 시간이 얼마나 흘러야 가족으로서 편안하게 만날 수 있는지 알 수 없다. 사실 나는 그런 시간이 올 것으로 기대조차 하지 않는다.

 생사도 모른 채 살아온 동생에게 오로지 같은 아버지에게 태어났다는 이유만으로 힘들었던 과거로 끌려가 아픔의 시간을 직면하는 것을 나는 피하고 싶다.

 동생은 가족으로 태어났지만, 가족으로는 만들어지지 못했다. 차라리 우리 가족으로 태어나지 않았더라면 더 좋았을 것이다. 이번 생애에는 가족이 될 수 없는 팔자를 타고난 것이다. 이것이 내가 아는 우리 가족이다.

 내가 오늘 이 호텔의 로비에서 불안하게 서성이며 동생을 기다리는 것은 동생이 가족이라서가 아니라, 자기 의사와 상관없이 타인에 의해서 입양을 갔다가 다시 가족을 찾아오는 그 마음에 두 번 버려지는 아픔을 주기 싫은 마음이 크기 때문이다.

 동생이 나에게 만남을 요청했으나 이미 한 번 만남을 거절하고 자책으로 일 년의 시간을 보냈다.

입양 간 동생이 무슨 잘못이 있을까?

아무 잘못 없는 어린 동생이 가족을 찾아왔는데 두 번이나 거절하는 것은 나 자신에게 너무 힘들었다.

또 동생에게도 가혹한 일이다.

 동생을 다시 만나는 것은 동생이 입양 간 그 시절 나의 어린 과거의 고통을 또다시 만나야 하기에 두려웠다. 나는 이미 어른이 되었지만, 동생과 함께한 그 시절은 아이의 모습으로 내 안에 멈추어 있다.

 동생이 한국 가족을 찾는다는 전화를 받은 그 무렵부터 무서웠던 어린 시절의 기억들이 되살아나며 공황장애가 찾아왔다. 오랫동안 심리 상담을 받으며 마음의 고통을 이기려고 노력하는 과정 중이다.

 이러한 두려움은 '그 동생이 어쩌면 내 가족이 아닌 다른 사람을 잘못 찾았을 수도 있다'라며 나의 고통의 출구를 찾고 있었다.

'그래 어쩌면 그 친구가 찾는 가족이 내가 아닐 수도 있겠

지. 그 친구에게는 힘이 들겠지만, 그것이 우리의 운명이라면 어쩔 수 없지 않은가!'
내가 두려움에서 벗어날 수 있는 희망의 메시지다.
마음이 참찹하다.

 엘리베이터 주변을 서성이다 엘리베이터에서 내리는 사람들을 살펴보는 중에 아버지와 영락없이 닮은 사람을 보았다.
나는 그를 첫눈에 알아보았다.
'우리 가족이구나!
우리 가족이구나!
우리 가족이 맞다!'

그는 아버지의 얼굴을 꼭 빼닮았고 나의 외모에서 살이 좀 찐 듯한 모습이었다.
아내도 같은 말을 했다.
동생이 틀림없다고.
'동생이 맞다!'
 처음으로 동생의 모습을 본 순간 심장이 철렁했다. 가슴이 답답해 숨이 멈춘 듯한 느낌이 들어 어떻게 해야 할지 몰랐다. 엘리베이터에서 내린 동생에게 천천히 다가갈 때, 동생도 내가 자기와 닮은 것을 알아보고 다가왔다.
 마주 보는 형제 사이에 흐르는 묘한 정적과 애처로운 표정. 우리는 서로의 눈을 바라보지만, 나는 마지막으로 본 두 살의 동생과 지금의 동생 사이에서 시선이 고정되지 않는다. 정신이 몽롱하다.

'내 동생이 이렇게 생겼구나!'
생각이 멈추었다.
말도 멈추었다.
내 앞에 나를 닮은 사람이 서 있다.
아무런 감정이 느껴지지 않는다.
내 예상대로다. 어제저녁에 생각했던 입양가정의 영상과 확연히 다른 모습이다.
 동생은 나에게 다가오며 어색한 표정을 지으며 서투른 한국말로 말했다.
"안녕하세요 형."
숨 막히는 순간에 담담하게, 약간 떨리며 하는 첫마디였다.
 동생과 이렇게 첫 만남이 이루어졌다.
삼십삼 년 만에 만남은 이렇게 단순하고 밋밋한 모습인데. 지금 나에게는 기억과 생각과 감정이 서로 다른 물줄기가 되어 홍수처럼 밀려온다.

'아…….'

나의 굳은 입이 무슨 말을 해야 할지 모르겠다.
지금은 나를 조절하는 힘이 절대적으로 필요하다.
 이럴 때 아내가 있어서 참 다행이다. 내가 얼어붙어 움직이지 못한 이 시간에 아내가 동생을 맞이했다. 편안한 표정을 지으며 동생과 함께하고 있다.
 언어의 다름이 우리 만남에 방해가 되지는 않았다. 형제가 지금 이 자리에 함께하고 있는 것이 언어보다 진하게 우리 만남을 연결하고 있다.
 석철이를 본 순간 우리가 가족이었다는 사실을 인정할 수밖에 없었다.
그는 확실히 나의 가족이었다.
그러자 끊어진 전기선이 연결되듯 석철이가 내 속을 파고들어 온다. 오랫동안 소등되어 캄캄했던 가족의 방에 불이 다시 켜졌다.

 나는 지금 석철이가 태어난 작고 추운 방에 있다.
한 살 된 석철이의 흔들거리는 요람을 밀어주며 어서 울음이 그쳐서 어른들 귀에 거슬리지 않게 하려고 노력하는 중이다. 얹혀사는 상황에 석철이가 울면 아버지가 없는 우리 가족에게 거친 말들이 쏟아지는 공포를 느껴야 한다.
나는 작은 아기를 더 잘 돌보아야 했다.
참 절망적인 상황이었다.

 헤어진 후 삼십삼 년이 지나 석철이를 다시 만난 지금.
우리가 함께 있던 어린 시절 기억의 방으로 어른이 된 석철이가 들어오기에는 방이 너무 비좁다.
 석철이가 있던 작은 방에 불이 다시 켜질 줄이야!
믿어지지 않는다.
믿고 싶지 않다.
 그 방에는 열한 살밖에 안 된 내가 두려워하고 있다.
울고 있는 석철이를 바라보는 나의 얼굴은 굳어지고 추위가 온몸으로 느껴진다.
이럴 줄 알고 석철이를 만나고 싶지 않았다.
석철이는 자기 방에 불을 켜고 문을 열고 나와 내 앞에 서 있다.

'어떻게 이런 일이!
이건 정말 미친 짓이다!'
 내가 석철이가 있는 방으로 다시 들어갈 것은 상상하지 못했다. 정말 벗어날 수 없는 운명의 끈으로 다시 묶여버렸다.

'누가 우리의 운명을 조종하는가!'
이제는 제발 그만했으면 좋겠다.

 우리는 잠시 호텔 로비에 마련된 소파에 앉아 몸과 마음을 추스르며 서로의 얼굴을 바라보았다. 동생의 얼굴을 보고 있으니 과거에 동생과 관련된 사람들이 내 머릿속을 헤집어 놓는다.
 겨우 억누르고 있는 분노가 또다시 치밀어 오른다. 지금 이 상황을 일어나게 만든 그 사람들에게 형제가 이런 모습으로 만나게 된 원인에 대해서 따지고 싶고 책임 소재를 분명히 하고 싶다.
그리고 그들의 사과를 듣고 싶다.
 나는 감정 조절을 위해 애를 쓰지만, 동생이 열어놓은 기억의 방은 날 흥분하게 한다.
'참 강렬하다!
이렇게 생생할 수가,
불편한 기억은 지워지지도 않는가!'
기억을 벗어나려고 하지만 벗어나지지 않는다.

 그렇다 보니 오늘 석철이를 만나고 있지만, 옛 기억을 만나고 있고 지금 내 감정은 석철이와 함께한 옛 기억의 감정을 느끼고 있다. 오랜만에 만난 사람들이 옛 추억을 나누듯이 나에게도 석철이와 함께한 서글픈 추억들이 찾아온다.

 억지로라도 동생의 귀환을 환영하는 친가족의 모습을 보이고 싶은데, 가족으로 보여주어야 할 좋은 모습들은 전혀 생각이 나지 않는다.

 지금의 동생을 마주 본다 한들 처음 보는 사람과 무슨 대화를 하겠는가. 말은 잘 통하지 않지만, 나의 굳은 얼굴과 불편한 기색을 보며 동생의 표정은 매우 어색하고 멋쩍어한다. 동생과 내가 언어소통이 안 된다고 해서 답답함이 있는 것은 아니다. 지금은 언어보다 더 진한 감정 소통을 하고 있다.

 우리가 닮았다는 것이 이렇게 슬플 수가 있을까?
유전자 검사는 외모가 이미 99.9%의 일치를 보인다.
이 시간에 우리가 '가족이었구나'라는 것을 느끼고 있을 뿐이다. 외모가 모든 것을 말하고 있다. 이것이 소통이다.
 어쩌면 더는 별다른 말이 필요 없을 것 같기도 하다.
우리는 같은 아버지에게 태어난 형제이다.
흐음, 형제라서 슬프다!

 멀리 미국에서 한국으로 건너와 만난 형의 모습에 동생은 어떤 마음일까?

무엇을 생각하고 있을까?
자기 뿌리를 알아서 이제는 편안할까?
나에게 어떤 말을 하고 싶을까?
나에게 궁금한 것은 없을까?
왜 나를 버렸는지 소리치고 싶지는 않을까?
앞에 있는 동생에게 묻지 못하고 속으로 되뇌고 있다.
어떤 힘든 삶을 살고 돌아왔는지, 물을 수도 없다.
말없이 서로를 바라보며 어색한 웃음을 보이다, 이내 각자의 생각 속으로 파고든다.
우리는 표정과 침묵으로 소통 중이다.
'석철아. 네가 이렇게 컸구나!
고생했다! 너를 보니 내가 정말 미안하다.'
너를 입양 보내고 가족이라고 이렇게 뻔뻔하게 너를 다시 만난다는 것이 얼마나 낯 두꺼운 일인지.
참. 부끄럽다.
침묵은 길어졌다.

답답한 호텔 로비를 나와 명동 거리의 햇빛을 보니 조금 살 것 같다. 내가 너무 힘들어 이상 증세가 나타나지 말아야 할 텐데. 밖으로 나오길 잘한 것 같다.

동생과 말이 통하지 않으니 오히려 도움이 된다. 기억에 남을 만한 힘든 말을 한다면 지금 나로서는 감당이 안 될 테니까.
 점심을 함께 먹으러 명동 뒷골목을 걸어 나갔다.
함께 걷는 동생에 발의 보폭을 맞추기가 어렵다.
이것이 우리가 각자 살아온 인생의 발걸음일 것이다.
 적당한 식당을 골라 밥을 시켰다.
석철이가 밥투정 없이 밥을 먹고 있다.
동생에게 다시 밥을 먹여보는 것이 얼마 만인가!
나는 지금 동생이 밥을 먹고 있는 것을 바라보고 있다.
동생이 내 앞에서 밥을 먹는다.
이런 상황이 내게 일어나다니!'
 다시 감정이 밀려온다.
'이것은 우연인가?
신이 정한 운명인가?
아니면 석철이 노력의 결과인가?'

 내가 초등학교 시절 밥을 먹고 있었는데 태어난 지 석 달 정도 된 석철이가 울고 있었다. 큰어머니가 나에게 아이를 달래고 오라고 했다. 배고픈 시절 밥 먹는 시간에 아이를 보는 것은 어린 나에게 정말 화나는 일이었다. 석철이는 천장에 매달린 아기그네에 누워 울고 있었는데 화가 난 나는 그

네를 세게 밀었다. 순간 아기가 방바닥으로 떨어졌다. 나는 깜짝 놀라 아기를 받으려고 했으나 아기는 방바닥에 부딪혔다. 바닥에 다행히 이불이 깔려 있었지만 아이는 놀라서 더 크게 울었다.

 밥 먹는 석철이를 바라보니 불현듯이 잊고 있던 그때의 기억이 떠오르며 미안하고 죄책감이 든다. 아직 잊히지 않은 것은 오늘이 있기 때문인가 보다.

 기억 속 기어 다니던 녀석이 어른이 되어 내 옆에서 밥을 먹는다. 먹는 도중 힐끔힐끔 나를 보지만 웃지 못하는 나로 인해 저도 불편한 모양이다. 미국의 양부모에게도 눈치 보며 자랐을 터인데, 찾아온 친 가족에게도 눈치를 보는 중이다. 나도 동생이 안쓰럽다.

 밥 먹는 석철이 얼굴을 뜯어보니 이마와 눈 주위는 아버지를 닮았고 턱과 볼은 어머니를 닮은 것 같다.
손을 보니 내 손보다 크다.
헤어진 가족을 만나면 손발을 만져보는 그 마음을 알 것 같다.
'에구 짠한 놈'
짠한 인간적 연민이 있지만, 전혀 모르는 사람처럼 먼 거리가 느껴진다.

 삼십삼 년의 세월을 훌쩍 건너뛰어 마주한 형제는 형제가 아니었다. 같은 부모에게 태어났다고 해서 저절로 가족이 되는 것이 아님을 이 시간 증명받고 있다.
정신적으로 함께한 기억이 없고.
정서적으로 친밀한 감정이 없고.
육체적으로 닮음만이 있다.
가족이 되어가는 과정이 필요하다는 것을 경험했다.

 우리는 어색하게 시간을 보내고 동생이 투숙한 호텔로 돌아갔다. 일 층에서 잠시 기다리라고 하며 자기 방으로 다녀오더니 조그만 선물을 건넸다.
'나를 위해 선물을 준비했구나'
동생도 어떤 만남을 가져야 하는지 나처럼 고민을 많이 했나 보다. 동생은 나를 어떤 사람으로 생각하고 선물을 골랐을까?
 한국에 와서 형을 만날 생각으로 준비한 선물은 인간관계의 연장선인지, 가족으로서 형을 향한 자기 마음의 전달인지 생각해 본다.
 이제는 다시 헤어져야 할 시간이다.
헤어짐은 짧고 쉬웠다.
 굳은 얼굴로 동생의 손을 한번 잡아보고 엘리베이터 문이 닫혔다. 마치 과거에서 온 타임머신을 타고 다시 돌아간 모습이다.

두 살의 동생은 불 꺼진 추운 방으로 돌아갔다.

 헤어진 삼십삼 년의 시간만큼이나 길게 느껴진 동생과의 만남. 그리고 다시 헤어져야 할 아쉬운 만큼의 짧은 두 시간의 만남으로 동생과는 헤어졌다.

내일 미국으로 돌아간다고 했다.

 동생이 입양을 갈 때, 나는 동생과 작별하지 못했다.

그는 내게서 사라졌을 뿐이다. 동생은 나에게 이별을 고하지 못한 채, 미해결 과제처럼 내 기억 어딘가에 방치되었다.

나는 동생이 방치된 것도 모르고 여태 살아왔다.

 그런 동생이 내 앞에 다시 나타났을 때, 나는 어떻게 정리해야 하는지 매우 혼란스러웠다.

 동생을 호텔로 올려보내고 지하철역으로 가는 동안 내 온몸이 반응한다. 이미 죽어버린 관계에 새로운 생명을 주입하는 이 시간은 마치 끊어진 신경을 이어내는 외과 수술을 겪는 것 같다.

 돌아오는 전철 속에서 함께 탄 사람들을 둘러보았다. 이 사람들은 오늘 내가 어떤 일을 하고 돌아오는지 모를 것이다.

내가 겪은 일을 알고 싶은 관심이 있기는 할까?

나도 다른 사람들이 오늘 무슨 일이 있었는지 별로 알고 싶지 않다. 같은 시간을 살아가지만, 각자에게 일어나는 일들은 그 시간의 주인 된 사람에게 주어진 특별함이다.
그것은 주어진 사람이 감당해야 할 인생의 무게임을 안다. 하지만 인생은 누구나 인정할 만큼 공평하지는 않은 것 같다.
 요동치는 내 마음과 달리 너무나 평온하게 전철 의자에 앉아 핸드폰에 빠져 시선을 주지 않는 사람들을 보며 내가 이상한 사람이 된 것만 같다. 오늘은 먼 과거를 방문한 후, 다시 현재로 돌아오는 전철을 탄 기분이다.
마치 시간 여행을 한 것처럼.

 동생과 첫 만남을 마치고 돌아와서 마음을 정리해 본다. 동생과의 재회는 동생에게 주는 의미가 있을 것이다. 힘들었지만 나에게 주는 의미도 있다.
 내가 동생을 만나고 가장 힘들었던 것은 생각과 함께 찾아오는 감정들을 처리하는 일이었다. 두려움에 눌린 어린 나를 현재로 소환하여 느끼는 아픔이란!
참. 괴롭다!
 처음부터 예상했듯이 잃어버린 가족들을 만났을 때의 오열이나 통곡과 같은 모습은 내게 없었다. 내 안에 동생에 대한 그리움, 가족에 대한 애틋함, 친밀함, 이런 모습은 전혀 나타나지 않았다.

 우리가 가족이었다면 가족의 모습이 나타났을 것이다. 오히려 동생을 만났을 때는 동생과 함께했던 그 시절 무서운 기억이 나를 억눌러서 만남의 기쁨이 느껴지지 않았다. 아직 내 안에서 해결되지 않는 과거의 시간을 치유하는 시간이 더 필요하다는 것을 알게 되었다.

 동생이 입양 가기 전후에 일어난 많은 사건과 아버지 어머니에 대한 불행했던 기억들이 얼마나 많으며 나에게 얼마나 영향을 미치고 있는지 알 수 있는 시간이었다. 나에게는 삶을 돌보고 아픔에서 벗어나 자유롭게 되도록 회복하는 것이 내 과제로 남겨졌.

힘든 시간이 될 것 같다.

 앞으로 동생과의 관계가 어떻게 이어질지는 알 수 없다.

 동생의 생각이 찾아오지 않고 잠잠하기까지 그 후 수개월의 시간이 흘렀다. 나는 억지로 과거 기억을 외면하고 이제는 생각하지 않으려고 노력했다. 하지만 석철이가 다시 살려낸 기억들에 빠져 한참 동안 벗어나지 못했다. 일상의 편안한 여유를 잃어버려서 불편했다.

 이제 와 생각해 보면 동생의 만남을 좀 더 깊이 살펴보고 당시에 불편했던 내 모습을 탐색하는 것이 필요했는데, 그렇게 하지 못한 아쉬움이 있다. 그러나 그 당시에는 그 충격이 너무 커서 나 자신을 돌보기도 버거웠다.

 미국으로 돌아간 석철이도 한동안 일상생활에 적응하기 힘들었을 것 같다.
'석철이도 생각이 많았겠지.'
동생은 나를 만나 어떤 생각을 했을까?
 내가 석철이의 생사를 알았고 그가 성장한 모습을 보며 오랫동안 궁금했던 동생의 궁금증이 풀렸듯이 그도 자기 형이 누구이며 어떤 사람인지 알게 되었을 것이다.

 일생의 운명적 과제 같았던 동생을 찾는 일이 이렇게 해결되었다.
그러나 동생은 내 가족이 아니었다.
동생을 만나보니 우리는 형제가 아닌 다른 사람이었다.
나는 아직 잃어버린 동생을 찾지 못했다.
나를 찾아온 석철이는 내 동생이 될 수 있을까?
난 아무런 노력도 하고 싶지 않다.

우리는 다시 가족이 될 수 있을까?

첫 만남

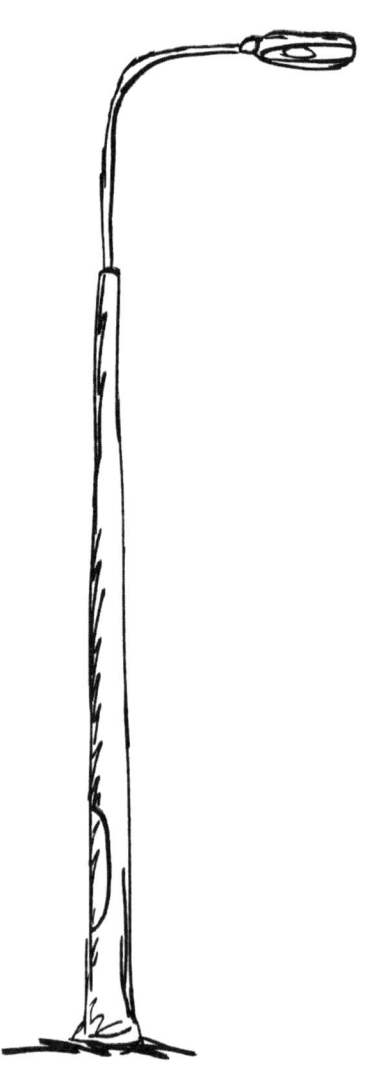

2
-
동생이
찾아오기까지

이방인으로 살아온 동생은
친 가족에게도 여전히 이방인이었다.

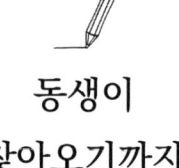

동생이
찾아오기까지

 2012년 여름. 전화가 왔다.
"여보세요. 동대문 경찰서인데요.
가족 중에 미국으로 입양되었던 분이 계신가요?
미국으로 입양 가셨던 분이 한국에 있는 친가족을 찾고 있습니다. 혹시 어린 시절 동대문에서 사셨나요?"
 통화는 길어졌다.
처음에는 입양 사실을 확인하였고 서로의 가족이 맞는지 대조해가며 가족으로서 확률을 높여가는 과정으로 대화는 이어졌다. 나는 처음 전화를 받았지만, 이미 어린 시절 함께 살았던 사람들과 사실관계가 확인되어 석철이가 내 동생일 가능성이 컸다. 나는 갑작스럽게 걸려온 전화에 경찰서 직원의 질문에 답변은 했지만 무슨 말을 하고 있는지 잘 모르는 채 통화를 하고 있었다.

그렇게 통화를 마칠 무렵,

"이번에 가족을 만나기 위해 한국에 오시면 형님이 꼭 만나 주셨으면 좋겠어요.
석철 씨는 미국에서 잘 살고 계십니다.
한국에서 외국으로 입양 가신 분들 가운데 잘 성장하여 성공한 모습입니다. 가족이 함께 만났으면 좋겠습니다.
꼭 부탁드릴게요."

혹시라도 가족들이 만나기를 거부할까, 경찰서의 담당 직원은 만나주기를 거듭 부탁했다. 나중에 알게 되었다. 입양을 간 자녀가 한국의 친가족을 찾아오더라도 만남을 거부하는 가족이 많이 있다는 것을. 그리고 어렵게 찾아온 가족을 왜 만날 수 없는지도 곧 이해하게 되었다.

그 후 경찰서에서 두어 차례 더 전화가 왔다.
미국에서 성장한 동생은 미국 내 한인 입양자 모임에 참여하며 한국의 가족을 찾으려 준비하고 있었다. 동생은 입양 모임에 참가하는 한인 유학생들의 도움을 받아 가족을 삼 년 동안 찾아왔고 마침내 나와 연결된 것이다.

내가 알게 된 동생의 첫 소식은 이렇게 시작되었다.
경찰서에서 전화가 온 후 내 연락처를 알려주었다.
그 뒤로 미국에 있는 동생에게서 곧바로 소식이 오지는 않았다. 두 달 정도 지나 동생과 함께 입양 모임에 참여했던 한국인 유학생으로부터 소식이 왔다. 하지만 동생과 나 사이에서 소식을 전하던 유학생에게서는 자세한 동생의 상황을 알 수 없었다.

 나는 가족이 확실히 맞는지 좀 더 정확한 정보를 알리는 것이 필요하다고 생각해 처음으로 동생에게 편지를 썼다. 입양을 보낸 당시 상황들과 간략한 가족 소개를 해서 유학생에게 보내면, 내 편지를 유학생이 번역해 동생에게 전달해 주었다.

 이렇게 우리는 육 개월에 걸쳐 세 통의 편지를 주고받았다. 미국에서 연락을 보낸 그 사람이 정말 내 동생이 맞는지 확신하기 전까지는 반신반의하는 마음이었다. 나와 나이 차이를 알아보고 성별도 물어보고 입양된 시기도 맞추어 본 뒤에 입양 상황이 맞아갈수록 내 심장은 더욱 두근거렸으며 내 동생이 맞는다는 확신이 커 갈수록 감정은 고조되며 긴장감이 높아져 갔다.

 편지를 전해주면 보통 한 달이 넘어 연락이 왔었다. 답신을 기다리는 동안 나는 마음을 졸이며 많은 생각과 함께 상상을 했다.

 진짜 내 동생일까?
가족이 많은데 왜 나에게 연락이 가장 먼저 왔을까?

이번에도 내가 전해준 사실과 일치한다면, 이제는 어떻게 편지를 보내야 할까?
이런저런 고민을 하며 몇 개월을 지내었다.
 편지가 왕래하는데 소요된 긴 시간이 오히려 내 마음을 진정시키는 데 도움이 되었다. 동생의 답신을 받아 보고 내 동생이라는 확신이 생긴 뒤 다시 편지를 보내려 하자 나는 침울해졌다. 동생을 입양 보낼 수밖에 없었던 설명과 미안하다는 사죄를 어떻게 해야 할지가 가장 큰 고민이었다.
 한 번 한 번 주고받는 편지들이 늘어나는 동안 나는 점점 더 과거로 깊이 들어갔다.

 동생은 큰집에 얹혀살며 눈치 보던 그 시절에 태어났다. 할머니에게 석철이는 마지막으로 태어난 손자였다. 막내아들의 손자 이름을 지어주시던 할머니의 눈빛은 초등학생이던 내가 보기에도 몹시 애처로웠다.
 돈 벌러 객지로 떠나버린 막내아들과 아비 없이 남의 집에 남겨져 얹혀살고 있는 손주들, 이런 상황에서 또 손자가 태어났으니, 그 아이가 석철이었다. 아비 없이 태어난 손자를 바라보는 할머니의 마음을 이제는 알 것 같다.
 내가 어른이 된 후 까맣게 잊어버렸다고 생각한 어린 시절의 기억이 다시 찾아온다. 평생에 다시 생각하지 않을 수 있였는데, 운명의 시간은 나를 다시 그 시절에 마주하게 한다.

 동생은 아직 자신의 이름도 모르고 있었다.
나는 동생의 이름을 알려주고 이름을 지어준 할머니의 사연을 편지로 보냈다. 세월이 흘렀지만, 옛날 일은 내 머릿속에 고스란히 남아 글로 써 내려갔다.
 불편하지만 이런 기억이 내게 남아있는 것은 동생을 위한 것인가 보다. 그나마 내가 동생에게 해줄 수 있는 것이 있어 다행이라는 생각이 들었다.
 지난 일이지만 괴로웠던 일은 아직도 아픈 감정을 느끼게 한다. 아버지 없이 큰집에 얹혀살던 때, 할머니가 큰어머니에게 늘 미안해하시는 모습이 눈에 선하다. 나도 어릴 적 우울하고 기죽은 모습으로 살았다.
 이런 불행한 과거가 편지로 옮겨지는 동안 그 당시 상황 속에 담겼던 감정은 기억을 떠올리자 전혀 사그라지지도 않고 나를 찾아왔다.
 나는 이제 어른이지만 당시 어린아이가 견디기 어려웠던 상황을 마주한다. 아마 이 편지를 읽는 동생의 기억과 감정은 나와 다를 것이다.
 자신이 태어날 때 암울한 가족 상황을 기억하지 못하는 것이 석철이에게는 오히려 다행이다. 동생에게는 이런 우울한 느낌을 전해주고 싶지 않았다.

 편지를 번역해서 동생에게 전해주는 유학생도 과거의 어려웠던 가족 상황을 어떻게 전달해야 할지 매우 조심스러워했다.

 나와 소식을 주고받기 전부터 가족들을 찾으려던 동생은 삼 년간 한국에 두 번 방문했다. 그때마다 가족의 실마리를 찾지 못하고 번번이 아쉬운 발걸음을 돌렸다고 한다.

 막연한 시간 여행 속에 길을 잃어버리고 답답한 마음으로 발걸음을 돌리는 깊은 한숨소리가 나에게까지 들려오는 듯하다. 피곤한 몸과 좌절된 마음은 돌아가는 비행기의 비좁은 의자만큼 견디기 힘들었을 것이다.

 동생이 가족을 찾기까지는 삼 년의 시간뿐 아니라 비용도 많이 들었다. 자세한 과정을 다 알지는 못하지만, 가족을 찾는 첫 시작은 자기를 입양 보낸 당시 주소였다.

 한국을 방문하여 경찰서에 가족 찾기 신고를 한 후 1981년 우리가 살았던 집 주소와 근방에 살았던 사람들을 수소문했다. 우리가 살았던 동대문구의 옛날 집은 이미 재개발이 되어 흔적조차 찾을 수 없었다.

 더는 진전이 없어 막막하던 시기에 경찰서에서 당시 우리 가족과 함께 살았던 옆집 사람들을 찾았다. 어린 시절 내가 살았던 집에는 다섯 가구가 함께 살았는데, 그중에 나와 초등학교를 같이 다녔던 친구 엄마와 연결이 된 것이다. 친구 엄마는 우리 가족을 기억하고 있었지만 아쉽게도 지금의 우리 가족에 대하여 아는 것이 없었다.

경찰서에서는 다시 자료를 찾아 석철이 입양을 보냈던 새어머니를 찾았다. 내가 초등학교 오학년 때 만나 두 해 정도 가족으로 살다 헤어졌던 새어머니이셨다. 그러나 그분의 연세도 팔순이시라 가물가물한 옛날 기억으로는 우리 가족의 소식을 알 길이 없었다.

상황이 막막해진 경찰서에서는 나의 친구 엄마와 입양 보낸 새어머니가 직접 통화를 하게 했다. 삼십 년이 지나 다시 연결된 두 분의 통화에서 작은 단서가 나왔다.

그때 당시에 초등학생이었던 나와 여동생이 동네의 작은 교회를 다녔다는 것을 알게 된 것이다. 그리고 내가 다녔던 교회를 찾아 우리 가족의 발자취를 찾아내는 데 성공했다. 내가 다녔던 동네 작은 교회는 지역을 옮겼으나 현재까지 유지되고 있다.

그 교회에는 어린 시절 나를 돌봐주던 교회 선생님이 계셨다. 부모님과 비슷한 연배이신 교회 선생님은 나에게 특별한 돌봄과 관심을 주셨는데, 이런 고마움으로 현재까지도 나와 관계를 이어 가고 있다.

내 어릴 적 교회 선생님을 통해 나의 연락처가 경찰서에 전달되었다. 이런 과정으로 동생 석철이를 다시 만나게 되었다.

 석철이를 미국으로 입양 보낸 사람은 석철이를 낳은 생모가 아니다. 남편과 전처가 낳은 아이를 새어머니가 외국으로 보냈다.

 이미 팔십이 넘은 새어머니는 기억조차 가물가물하겠지만, 생의 마지막에 자신이 저질렀던 옛일을 회상해야만 하는 사건이 일어난 것이다.

인생에는 이런 생각하지 못한 일들이 일어난다.

그분도 나처럼 마음이 참 불편할 것이다.

 그분에게 과거 기억의 소환은 성찰의 기회가 되었을 것이라는 생각이 든다. 까맣게 잊고 있던 자신의 실수를 다시 생의 마지막쯤에서라도 돌이킬 기회를 얻은 것은 신의 은혜라고 여겨야 할 것 같다. 그 새어머니가 한 일은 우리 가족과 동생의 운명을 바꾸어버린 비극적인 일이었다.

 기억을 잊어버리면 새어머니 자신은 편안하겠지만, 석철이의 인생이 편안해지는 것은 결코 아니다.

 그렇다고 지난 일들에 관해 그분에게 책임과 단죄를 묻는 말을 하고 싶지는 않다. 그러나 이 불행한 일에 책임이 있는 사람에게 다시 한번 자기를 돌아보는 기회가 온 것은 틀림

없다.

 이제 내 나이는 석철이를 입양 보낼 때, 새어머니의 나이보다 더 들었다. 지금 생각해 보면 남이 낳은 자녀를 해외로 입양을 보낸다는 것은 상상조차 할 수 없는 일이다. 이런 끔찍한 결정을 한 어른들로 인해 돌이킬 수 없는 결과를 다음 세대인 자녀들이 감당하고 있다.

 받아들이기 어렵지만, 세상에는 가족관계를 단절시킨 부모가 있는가 하면, 관계를 이어주는 소중한 이웃들도 있다. 또한 남이 버린 자식을 양자로 키워낸 양부모도 있다.

 참…….
똑같은 사람인데, 삶은 왜 이렇게 다를까!

 석철이는 가족을 만나기 위해 한국 방문 일정을 내게 알려주었다. 미국의 추수 감사 절기의 긴 연휴가 시작되면 일주일 일정으로 오겠다고 했다.

 입양을 간 동생은 한국으로 돌아와 처음 가족들을 만나게 되는 인생 최고의 순간을 갖게 되는데, 난 아직 동생 만날 준비가 되지 않았다.
마음이 착잡하다.
정말 좋은 일인데, 웃음이 나오지 않는다.
이런 내 모습이 석철이에게 아주 미안하다.

상처 가득한 어린 시절의 불안을 평생 안고 살아온 나로서는 석철이가 돌아온다는 것이 자꾸만 어린 시절을 마주하는 것 같아 큰 두려움과 혼란으로 다가온다.

석철이가 한국에서 가족을 만나려면 첫 연락을 받은 내가 소식 끊긴 아버지와 어머니 그리고 여동생에게 연락해야만 했다. 이미 오랫동안 관계가 단절된 상황에서 어떻게 그분들에게 이 사실을 설명해야 할지, 생각만 해도 너무 괴로웠다.

이러한 고민으로 마음의 평화가 점차 사라지게 되었다. 나는 석철이를 안내해서 아버지와 석철이의 어머니를 만나게 할 과거로의 여행을 할 수가 없다.

그 시절 불행을 이제 와 다시 마주하는 것도 힘들지만, 서로 연락이 끊어진 세월이 삼십 년이다. 그들을 다시 찾으면 찾을 수도 있겠지만 연락해야 하는 일은 감당이 안 된다.

이런 일을 처리해야 하는 게 너무 싫다. 원수처럼 헤어진 후 흔적 없이 잊고 지내다 다시 만나야 한다. 좋은 일을 위해 이런 불쾌한 일을 해야 하다니.

정말, 불편한 일이다!

나와 석철이 엄마는 1982년에 헤어졌다. 이후 한 번도 만난 적이 없다. 석철이 엄마는 아버지와 헤어진 후, 친정으로 돌아가 친정 근처 사시는 것 같다.

내가 그분과 함께했던 기억은 어린아이 시기였지만, 이제는 나도 인생을 회상하며 평가할 수 있는 나이다.
지금에 와서 그분을 찾으면 무슨 낯으로 마주할까?
또 우리가 다시 만나면 무슨 이야기를 나눌까.
헤어진 새엄마를 다시 만난 사람들이 있을까?
이런 일은 내가 제일 싫어하는 막장 소설 같다.
 석철이 엄마가가 나를 볼 때, 가슴에 맺힌 한이 요동칠 것이 분명하다.
옛적 일을 들쑤셔 감정만 상할 텐데.
 이런 골치 아픈 일을 내가 어떻게 처리할 수 있겠는가?
솔직히 그들의 목소리를 듣는 것조차 나는 감당할 수 없다.
이번 생애에 우리가 만나는 것은 불행이다.
아픔을 가슴에 묻고 생을 마치는 것이 서로 편한 일이다.

 고민 끝에 나는 석철이가 한국으로 돌아와 가족을 만나게 하는 일을 처리하지 못하고 여동생이자 석철이의 친누나인 선미에게 부탁했다.
 사실 선미와도 연락을 끊은 지 십 년이지만, 이 일로 인해 다시 연락하게 되었다. 오랜만에 연락한 여동생에게 오빠로서 살갑게 안부를 묻지는 못했다. 나는 선미에게 굳은 마음을 최대한 억누르며 석철이 이야기를 꺼냈다.

석철이와 선미는 아버지, 어머니가 모두 같다.
 선미도 자신의 유일한 친동생 소식을 처음 듣게 된 것이다. 나는 선미에게 석철이의 소식을 부모님께 알리고 석철이가 돌아오면 함께 방문하라고 했다.
다만 네가 원하지 않으면 하지 않아도 된다.
나도 내가 할 수 없기에 이 일을 하지 않는 것처럼.
너도 네가 선택할 수 있다는 이야기도 함께 전달했다.
 이야기를 듣고 난 선미는 자기가 이일을 하겠다고 했다.

 아버지와 석철이 엄마가 만나지 않은 세월도 삼십 년이 넘었다. 선미가 이런 단절된 가족관계를 어떻게 조율해야 할지. 가족을 만나는 일을 선미에게 미루었지만 정말 고민스럽다.
 석철이는 삼십 년 전에 이혼한 친부모를 따로따로 만나야 하는데 생각만으로도 참 난감하다. 부모가 망쳐버린 가족관계를 자식에게 물려주어 이제는 자식들이 해결해야 하는 현실에 처한 것이다.
 선미에게 연락한 이후 난 이 일에 마음 쓰는 것을 멈추었다. 선미는 일이 많아졌을 것이다. 아버지와 가깝게 살기에 어렵지 않게 말을 꺼낼 수 있으나 부산에 사는 생모에게는 일곱 살 때 헤어진 이후 처음으로 만나게 되는데, 이 일을 어떻게 해야 할까?
 잃어버린 엄마를 만나는 선미도 석철이처럼 특별한 여정이 될 것이다. 주소도 연락처도 없이 어떻게 만날 수 있을까? 아버지는 알고 계실 것 같은데, 악연으로 헤어진 전 부인과 자녀들이 만나도록 당신들이 잘못한 일들을 회복시키는 과정을 협력하실지 의문이다. 부끄러운 과거를 만나는 것은 아버지에게는 무척 어려운 일이다.
 회피성 성격을 가진 아버지를 잘 알기에 더욱 그렇다.

 선미는 석철이가 가족을 만나러 오는 일을 준비하며 나에게는 어떠한 연락도 하지 않았다. 나는 처음부터 이 일에 빠지겠다고 이야기를 했고 내가 아버지와도 관계를 끊은 지 오래되었으며, 석철이 엄마는 내 생모가 아니기에 지금에 와서 불편을 감수하고 만나야 할 이유가 없음을 선미도 이해할 것으로 생각한다.
 한편으로는 내가 오빠로서 해야 할 책임 있는 모습이 무엇인지 알고 있다. 오빠의 도리를 다하며 산다는 것이 참 어렵다.
 초여름에 약속했던 가족 상봉의 시간이 가을을 지나 어느덧 만남의 날이 다가왔다. 나는 바쁜 일상에서 잠시 벗어날 때마다 석철이 엄마와 살았던 비참한 기억이 찾아왔다.

올가을은 다른 어느 가을보다 깊게 느껴진다.
불행인지 다행인지 시간은 빠르게 지나가고 있다.
 난 가족들을 직접 만나지는 않지만, 마음이 많이 쓰인다. 마음을 쓰지 않으려고 해도 지난 몇 개월 동안 아주 예민한 시간을 보냈다. 선미나 석철이 엄마, 아버지도 나처럼 많은 생각을 하며 만남의 날을 기다렸을 것이다.

 첫 만남을 위해 석철이가 한국에 오는 날, 선미가 인천 공항에 마중 나가기로 했다. 그날은 온종일 석철이 생각이 머릿속에서 떠나지 않았다.
 헤어진 가족을 다시 만날 때, 가장 아름다운 모습이 무엇인지 나는 잘 안다. 가족이 헤어질 땐 고통스럽더라도 다시 만날 때에는 헤어짐의 상처와 고통이 사라지고 기쁨과 감동이 충만했으면 좋았을 텐데…….
 실상이 그렇지 못함으로 내가 여동생 선미나 석철이에게 너무나 미안하다. 혼자 공항에 나가 자기 동생을 맞이해야 하는 그 서글픔과 우울함을 선미에게 지워주는 것이 싫지만 그것조차도 외면하고 싶은 못난 오빠가 나였다.
 내가 오빠로서 대범하게 잘 처리하면 좋으련만.

"그래, 오빠가 미안하다. 선미야!"

성서에서 등장하는 야곱의 가족사가 생각이 난다.
네 명의 엄마에게서 태어난 열두 명의 자녀들.
아버지는 같지만, 엄마가 달라서 같은 엄마의 자녀들끼리 더 애틋한 관계로 살아가는 모습은 마치 아버지는 같지만 나와 엄마가 다른 석철이와 선미의 모습 같다.
요셉이 자기 동생 베냐민을 십여 년이 지나 재회할 때 끓어오르는 정을 주체하지 못했듯 선미도 삼십 년 만에 동생을 만날 때, 잃어버린 동생을 향한 가족애가 터져 나왔을 것이라고 그들의 첫 만남을 상상해 본다.

지금에 와서 생각해 보면 석철이가 한국에 왔을 때, 내가 자녀들과 함께 공항으로 나가 선미와 석철이를 맞이해야 했다. 그것이 옳았다.
그러나 다시 그 시간으로 돌아간다면 여전히 나는 가지 못할 것이다. 지난 과거의 고통에 맞서지 못하는 용기 없는 나의 모습이다. 그렇지만 이제는 그런 나약한 나의 모습도 받아들인다.
누구나 자기만 아는 고통이 있다.
석철이가 한국말을 잘하지 못해 대화에 어려움이 있지 않을까? 차가 없어 대중교통으로 전주까지 이동해야 하는데, 석철이가 짐이 많으면 선미도 어려울 텐데…….

이런저런 염려도 있었지만, 선미는 이런 어려움을 헤치고 석철이를 아버지 집으로 먼저 데리고 갔다. 이렇게 석철이는 아버지가 계시는 자기의 집으로 삼십 년 만에 돌아온 것이다.
 불러도 불러도 뭉클하고 소중한 이름 아버지.
두 살에 아버지의 손에 버려져
서른넷 나이에 스스로 아버지를 찾아왔다.
그토록 그리워하던 아버지 집으로 다시 돌아오게 되었다.

 백인들 사이에 피부색이 다른 이방인으로 자기 존재를 잃고 살아가던 아이가 자신의 기억 끝자락에 자리했던 아버지를 드디어 만나게 되었다. 석철이가 아버지 집에 도착하는 순간을 보지 못했지만, 생각만으로도 감격스럽다.

아버지 집 대문을 열 때의 두근거림.
아버지와 눈이 마주치는 순간.
아버지의 손을 부여잡고 찾아오는 감정.
늙으신 아버지를 마주하고 침묵으로 바라보는 모습.
첫마디 아버지 음성을 들을 때, 전해지는 감격.

 흠.

늦었지만 석철이가 아버지를 만난 일은 잘한 것이다.
석철이는 그동안 낯선 이방인들 틈에서 진짜 나의 아버지는 누구일까.
나는 누구일까, 일생을 생각했을 것이다.
 백인 사회에서 살아가며 남들과 달라 겪은 차별은 그를 더욱더 자기 뿌리와 정체성을 찾고자 했을 것이다. 자기를 버린 부모를 향한 증오와 그리움의 양가감정이 가슴을 찢듯이 파고들며 매우 아팠을 터인데.
석철이는 긴 시간을 견디어 냈다.
 입양 보낸 갓난아기가 외국에서 성장하여 다시 아버지를 찾을 때, 그를 맞이하는 아버지는 어떤 마음으로 기다리셨을까?
무슨 말을 하고 싶었을까?
넌 나의 소중한 아들이었다고 말씀하셨을까?
'그동안 네가 너무너무 보고 싶었다'
'정말 미안하다'라는 말씀을 하셨을까?
분명 아버지도 가슴에 묻어둔 말이 있었을 것이다.

내가 아버지가 되어보니.
아들에게 아버지란 커다란 나무요.
넉넉히 안길만한 큰 품이어야 했다.

언제라도 찾아가 안길 수 있고 어떤 말을 하든 수용하며 격려하는 아버지가 되어야 했다.
아버지는 언제나 그 자리에서 아들을 바라본다.
아버지의 자리에서 변함없이 아들을 바라보는 시선을 아들도 알 수 있다.

 나는 나의 두 아들을 가슴이 저려오도록 사랑한다.
가끔 내 아들에게서 나는 향취가 그리워 그들의 베개를 베고 이불을 덮고 누워 아들을 느껴본다.
아들, 그 소중한 이름을 아버지는 안다.
 나는 성인이 된 자녀들에게 서툰 아빠의 부족했던 일들을 지금도 사과한다. 내가 사과를 하는 것은 자녀들이 원해서가 아니다. 아들을 더 사랑하지 못하고 잘해 주지 못한 것에 대한 나에 아픈 마음이 사과하는 것이다. 살아 보니 아들에게 못 해준 것만이 가슴에 남는다.
 아마 내 아버지도 석철이를 향해 이런 마음이 있지 않을까?
 석철이가 아버지를 처음 만나던 날. 그날 어떤 일이 있었는지 나는 잘 모른다. 나는 애써 그날을 생각하지 않으려고 했다. 하지만 나중에 석철이를 통해 아버지를 만난 자세한 이야기를 전해 들을 수 있었다. 답답한 소통이지만 동생이 말하는 것은 '아버지'라는 존재였다. 석철이는 먼 곳에서 지금까지 아버지를 애타게 기다렸다. 그리고 돌아오지 않는 아버지를 직접 찾아와 만났다.

 석철이가 그토록 그리워한 아버지를 만나고 자신이 만난 아버지를 나에게 이야기했다. 서투른 한국어로 동생이 말하는 '아버지' 이야기에 뜨거운 무언가가 가슴에서 밀어 올라와 잠시 밖을 나가 나를 진정시킨 후 이야기를 더 들을 수 있었다.

 숨이 쉬어지지 않는 가슴에서 말이 나온다.
후…….
네가 이렇게 아버지를 찾았구나!
'짠한 놈.
이 짠한 놈. 미안하다.
형이 정말 미안하다.
너에게 해준 것이 없어서…….'
정말 미안하다. 석철아!
내가 왜 이렇게 동생에게 미안한지.
나의 서러움과 동생에게 미안함을 잠재우느라 한참이나 밖을 서성였다.

 일박 이일의 짧은 방문이지만, 그는 아버지 집에서 함께 잠을 잤다. 그리고 아버지와 한 밥상에서 밥을 먹었다.
그의 일생에 가장 소중한 일을 한 것이다.

 이일은 거저 된 것이 아니라 오로지 그의 노력으로 해낸 것이다. 아들이 아버지 집에서 살아가며 겪는 가장 평범한 일이었지만 석철이에게는 허락되지 않았다.

후! 가슴이 미어지는 비극적인 일이다.

아버지와 아들이 한 밥상에서 식사하는 일이, 왜 우리 가족에게는 이토록 감동적인 일일까. 내가 태어나 보니 어머니의 젖을 먹고 아버지와 밥을 먹는 일이 운명적으로 허락되지 않았다.

이것이 복 없이 태어난 내 팔자인가?

고단한 인생살이에 찌든 나는 '복'이라는 단어를 좋아하지 않는다. 그렇지만 누구에게나 주어지는 평범한 일상을 살아갈 수 있고 그것을 행복과 감사로 느낄 수 있다면 나는 그것이 '복'이라고 정의한다. 석철이에게 이 평범한 일상의 기회가 주어진 것은, 정말 놀라운 '복'이 찾아온 것 같다.

 이틀간 전주의 아버지를 만난 후, 석철이는 생모를 만나기 위해 부산으로 향했다. 석철이만 어머니를 처음 보는 것은 아니다. 여동생 선미도 자신의 생모를 약 삼십삼 년 만에 만나는 것이다.

선미는 일곱 살 때, 생모와 헤어져 어린 시절을 계모들의 눈치 속에 살아왔다. 여러 새어머니와 친척 집에 이리저리 옮겨 다니며 정말 어렵게 어렵게 성장했다.

그가 겪고 마음에 담아둔 고통을 무엇으로 표현할 수 있을까? 가장 마음이 아프고 연민이 가는 동생이다. 이렇게 고통이 크다 보니 서로가 더 만날 수 없다. 그를 본다면 고통이 배가 될 것이다. 선미를 보지 않는 것이 과거를 잊고 사는 것이다. 이것은 나도 알고 선미도 알고 있다.

선미와 석철이는 부산으로 가서 자기를 낳아주신 어머니를 만났다. 그리고 어머니의 가족들과 이틀의 시간을 보냈다.

내가 석철이를 만났을 때, 차마 어머니의 소식을 묻지 못했다 어머니가 살아계신 것과 만난 것 외에는 당시 상황을 모른다. 석철이 엄마가 아버지와 살 때도 힘들었지만 친정으로 돌아가 새로운 남편을 만나서도 역시 힘들게 산다는 소식을 들은 적이 있다. 혹시라도 그분의 안 좋은 소식을 들을까 싶어 묻고 싶지 않았던 것 같다.

선미와 석철이가 처음 보는 어머니와 어떤 시간을 보냈을까?

나도 궁금하기는 했다.

그들이 끌어안고 펑펑 눈물을 쏟으며.

그동안 엄마가 없어서 힘들었다고.

왜 나를 버렸냐고!
엄마는 왜 나를 버렸냐고! 소리를 치며,
사랑받지 못한 울분이 터져 나오는 목소리가 엄마의 가슴속 깊이 전달되기를 바랬다. 그들에게 세월만큼 쌓인 아픔과 그리움이 해소되었기를 간절히 기대한다.
 정말 원수 같은 부모 만나 자식 못 할 일만 시켰다.
진짜, 징그러운 인생이다.

 선미 엄마 역시 운명처럼 다가온 가족들과 재회의 기회를 놓치지 않고 버려진 자녀들을 품고 응어리진 가슴의 한을 풀어낼 기회가 되었으면 한다.
 세상 떠날 때가 머지않았는데, 버린 자식을 잊지 못하고 속앓이만 하며 살아온 세월을 해소할 수 있는 시간이 찾아온 것이다. 버림받은 자녀들의 고통이 커질 동안 자녀를 버린 선미엄마는 어떤 인생을 살았을까?
 나는 아직 선미엄마에게 미움이 남아있다.
헤아리기 어려운 아픔이 있더라도, 나는 지난 시간 동안 선미 엄마가 겪은 어떤 사연이라도 이해하고 싶지 않다.
 그렇지만 지금이라도 미안하다고, 정말 미안하다고.
내가 그때 잘못된 선택을 했었다고.
이 말을 하지 못해 편히 눈 감지 못하는 시간이 오지 않기를 바란다. 살아온 인생도 힘들었는데 자책까지 하려면 얼마나 힘들까?

 나도 인생을 살아 보니 선미 엄마와 같은 인생 이야기를 가진 분을 만났을 때, 위로와 공감을 할 정도의 포용력이 생겼다. 그러나 정작 내 아버지와 어머니에게는 그렇게 되지 않는다. 내 부모도 자신들의 인생에 이런 결과를 원하지는 않았겠지만, 그렇다고 용서가 되지는 않는다.

 그런데도 선미 엄마가 이번 생애에 다시 자녀와 관계가 회복될 기회가 온 것은 정말 다행이다.

 선미가 엄마를 만난 후, 서울로 올라오는 중에 전화했다. 석철이가 공항으로 가기 전에 형을 꼭 보고 싶다고 만나자고 한다. 나는 선미에게 아직 마음의 준비가 안 되어 석철이를 만나지 못하겠다고 미안하다고 말했다.
조금 후 다시 전화가 왔다.
석철이가 형을 꼭 만나고 싶다고 재차 이야기했다.
갈등이 일어났다.
흠!
나는 다시 미안하다고 했다.
 그러자 선미가 화를 내며 가시 돋친 말을 쏟아냈다.
"오빠는 자기 친동생이 아니라 미국에서 찾아온 동생을 만나지 않는 거야!"
선미 말을 듣는 순간, 나는 숨이 턱 막혔다.
나는 아무 말 없이 전화를 끊었다.
그리고 전화기를 껐다.
심장이 쿵쾅거리며 온몸에 열이 오른다.
밖에 나가 십여 분을 서성였다.
깊은 한숨이 나온다.
내가 가장 피하고 싶었던 상황이었는데.
선미는 언제나 이런 식이었다.
이것이 우리 가족의 소통 방식이다.
"내가 이런 꼴 당하기 싫어서 너 안 만나는 거야!"
석철이가 나와 엄마가 다르다고 만나지 않겠는가.
선미가 이 말만은 나에게 하지 말았어야 했다.
하지만 선미는 이 말 만큼 내 마음을 아프게 하는 것이 없었을 것이다.
언제까지 이런 모습으로 살아야 하는지…….
휴.

 석철이는 그날 미국으로 돌아갔다.
선미가 가장 수고가 많았다.
 첫 번째 가족 방문은 이렇게 마무리되었다.

석철이가 나와 연락을 한 뒤, 칠 개월 만에 첫 가족 방문이었다. 석철이가 미국으로 돌아간 후, 한동안 마음을 다잡느라 힘들었다.

 특히 선미가 내게 한 말은 우리가 만나지 말아야 하는 이유를 다시 상기시켜주었다. 선미는 어떤 말을 해야 내가 상처받을지 잘 안다. 선미와 그 전화를 마지막으로 십 년째 서로 연락하지 않고 있다.

 그렇지만 선미의 말은 여전히 지금도 내 마음에 남아 나를 불편하게 하고 있다. 오빠가 꾹꾹 참고 있는 것을 선미는 잘 모를 것이다.

선미가 나의 진심을 알았으면 한다.

 석철이의 첫 가족 방문에 내가 만나지 못한 것이 석철이를 거절한 것이 아니다. 아직 석철이를 만나는 것을 감당하기 어려운 나를 보호하는 것이었다.

 석철이가 입양 갈 당시 선미는 다섯 살 때이다. 석철이의 기억이 남아있지 않아 나처럼 힘들지 않을 수 있다. 하지만 나는 많은 기억만큼이나 마음이 괴롭다. 떠오르는 지난 기억을 마주하기도 나는 벅차다.

 선미와 나는 부모님 세대가 겪은 형제 불화를 대물림으로 이어받아 이미 오랫동안 불편한 관계였다. 부부가 서로 사랑하지 못하고 자녀를 사랑하지 못한다면 형제애도 없고 가족으로 친밀한 애정도 없다. 사랑받지 못한 내가 두 동생을 품지 못하는 것은 어쩌면 당연한 결과다.
 나도 이런 불화를 정말 멈추고 싶다.
그러나 이 불화는 나의 노력으로만 해결되지 않았다.

 깊이 들여다보면 선미와 나는 석철이를 만나지 않는다는 이런 표면적 이유로 인해 마음이 닫힌 것이 아니다.
우리는 가족으로서 소통하는 방법을 배우지 못했다.
서로 대화하는 방법을 몰랐다. 아버지와 새어머니들이 늘 그랬듯이 우리가 배운 것은 폭력과 비난과 공격이 우리의 대화였다. 내 아버지의 삶의 방식이 자녀들에게 전수되어 선미와 나도 같은 방식으로 살아가고 있다. 난 가족에서 벗어나 이제는 아버지의 잔재가 내게 영향을 미치지 않는 삶을 살고 싶다.

 바꿀 수 없다면 떠나야 한다.
그래서 난 가족들과 관계를 단절하기로 했다.
그것만이 내가 살 수 있는 유일한 방법이었다. 힘들었지만, 가족들과 연락을 끊자 많은 변화가 생겼다. 불필요한 감정 고통에서 벗어날 수 있었으며 서로가 자기 삶에 집중할 수 있었다.

상담 선생님은 나에게 자기 보호가 가장 우선이라고 했다. 정말 실망스러운 핑계이지만, 나는 지금까지 자신을 보호하지 않고 살아왔다. 타인을 우선하는 삶의 방식에서 나를 존중하는 방식으로 바꾸려니 참 낯설었다.

인제 와서 뒤늦게 나를 보호하며 산다는 것이 어색한 일이지만, 가족의 지배에서 벗어나 스스로 나의 삶을 선택하는 중요한 일이다.

나는 새로운 삶을 선택했다.

석철이가 미국으로 돌아간 후, 맞이한 겨울은 다른 어떤 겨울보다 더 많은 생각으로 시간을 보냈다.

또한 석철이를 만나지 않은 것에 대한 죄책감도 남았다.

이렇게 마음의 짐으로 남기려 한 행동은 아니었는데…….

석철이를 만나는 것이나 만나지 않는 것이나 어떤 선택을 하더라도 완전한 자유로움은 없을 것이다. 어려서는 선택할 수 없어 고통에서 벗어날 수 없었지만, 지금은 내가 선택할 수 있다. 그래서 나는 마음에 평화를 선택한 것이다. 난 앞으로도 그렇게 할 것이다.

그래도 자책이 남는다.

불편함은 여전히 내 안에 있다.

휴……….

이런 불편한 과정을 겪은 후, 나는 석철이와 어렵게 첫 만남을 가질 수 있었다. 나에게 삶은 어려운 고행이다.

 또 한 해가 지났다.
이듬해 여름휴가 때 한국에 오겠다는 석철이의 연락을 받았다. 이번에는 다행히 그가 만나고 싶은 가족들에게 스스로 연락했다.
아버지와 어머니, 누나에게.
 일정도 스스로 계획하고. 나를 만날 일정도 알려주었다.
세 번째 방문에는 나도 만남을 거절하고 싶지 않았다. 동생이 온다는 소식을 아내와 자녀들에게 나누었다.
 큰딸은 아빠의 힘든 마음을 이해하지만, 찾아오는 삼촌을 맞이해야 한다고 했다. 삼촌이 잃어버린 가족들을 다시 찾아오는 애타는 마음을 이해하고 그를 품어야 한다고.
큰 애 말이 맞았다.
딸의 말을 듣고 나니 용기가 더 생긴다.
이번에는 석철이를 꼭 만나야겠다.
무엇을 해야 할지 모르지만 만날 수는 있을 것 같다.

 여름휴가를 이용해 한국에 온 석철이는 먼저 지방에 계신 부모님을 만났다. 전주로 내려가서 아버지와 일박 이일을 보내고 선미와 함께 부산으로 가서 어머니 가족들과 시간을 보냈다. 그리고 미국으로 돌아가기 전, 나에게 와서 아버지, 어머니, 선미의 근황을 알려주었다.

 석철이가 보내준 사진으로 아버지 모습을 십오 년 만에 처음 봤다. 예전보다 많이 늙으셨다.

결국 이렇게 늙고 힘없는 노인이 될 터인데, 젊은 시절 왜 그렇게 살았는지 울분과 불쌍함이 함께 몰려온다.

이래서 아버지 생각을 하기 싫다.

석철이 이놈의 자식 때문에 또 내 속이 뒤집힌다.

아버지는 왜!

짠하기도 하고 밉기도 하고!

아버지 이야기를 안 듣고 살아야 내 속이 편하다.

 아버지는 세 번째로 막내아들을 만났다.

잃어버린 아들을 만난 후, 일 년 동안 어떤 생각을 하셨을까? 지난날 잘못된 선택으로 인한 인생의 문제가 해결되어 감사함을 느꼈을까? 아니면 이 문제에 대해 지난날의 과거를 반성하는 마음을 가졌을까?

내가 판단할 바는 아니다. 하지만 아버지로 인해 생겨난 가정의 여러 가지 문제는 아직도 진행형이다.

고통과 함께.

그래서 나는 화가 난다!

역시 세 번째 만남을 갖은 부산 어머니의 소식도 들었다. 사진을 보니 선미 어머니가 재가한 후 낳은 자녀들과 함께 바닷가에서 좋은 시간을 보내는 광경으로 처음 만날 때와 달리 편안하고 즐거운 모습이었다. 조카들과 장난도 잘하며 밝은 모습이다. 넉살이 좋은 건지 속이 없는 건지.
 나만 너무 진지한가? 이런 생각도 든다.
나는 정말 웃음이 안 나온다.
동생 앞에서 웃으려 노력해도 되지 않는다.
 이제 막 가족들과 추억을 만들기 시작한 석철이.
가족이라면 망쳐버린 추억밖에 없는 나.
가족들과 어떤 추억을 가졌는지, 석철이와 나는 너무도 다른 표정이다.
 석철이가 어머니 사진을 보여주었다.
나의 새어머니를 사진으로라도 다시 본 것이 얼마 만인지 모르겠다. 새로운 남편을 만나 자녀 둘을 낳아 살고 있다고 했다. 어린 시절 기억 속의 모습에 살이 좀 더 찌시고 늙으셨다. 인생의 풍파가 얼굴에서 비친다.
 아버지와 결혼하신 후, 고생만 하신 어머니.
헤어지신 후에라도 잘 사시길 바랬지만, 여전히 삶이 녹록지 않으신 모양이다. 복은 타고난 것일까? 석철이 엄마의 팔자도 사납다. 자식 딸린 이혼한 남자를 만나 두 아이를 낳앉다. 그리고 자기 자식을 둘이나 버렸다.
 다시 두 번째 남자를 만났지만, 또 실패했다.
지금의 세 번째 남편을 만나 자식 낳고 근근이 살아가는 사나운 여자 팔자다. 나는 석철이 엄마에게 오랜 시간 화난 마음으로 애써 외면하고 살아왔지만, 이제는 인간적인 연민이 느껴진다. 험한 인생살이에 수고했다는 말을 전하고 싶다.
 석철이는 엄마의 가족들과 더 즐겁게 지낸 것 같다. 아무래도 아버지 집에는 아버지 부부만 계시지만 엄마 집에는 조카들과 동생도 있으니 재미가 있을 것 같다.
 석철이는 나에게 양가 모두가 가족이라고 했다.
나는 우리나라 통념상 같은 아버지의 자녀들이 가족이라고 이야기를 해주었다. 동생은 이 부분을 의아하게 생각했다. 얼마 지나지 않아 괜히 이야기했다는 생각이 들었다. 한국 사회의 통념을 말했지만. 동생에게는 도움이 되지 않는 이야기인데. 나의 좁은 세계관이다.
 그래도 석철이 엄마와 세 번째 남편 사이에서 낳은 자녀들이 나와 가족으로는 잘 연결이 되지 않는다.
 아버지도 또 다른 새어머니와 살지만, 석철이는 그분 역시 자기는 가족이라고 했다. 석철이에게 가족의 범주는 어디까지이며 그 기준은 무엇인지 궁금했다.
 이혼이 많은 미국 사회의 통념인지, 다양한 문화가 있는 사회에서 성장해 그런 것인지, 자신이 입양되어 가족이 될 수 없는 사람들과 함께 살아서 그러는지, 말이 잘 통하지 않으니 자세히 물어볼 수가 없었다.

석철이는 가족을 대하는 모습이 매우 자연스러웠다.
참 편안하다.
석철이 인생에 가족을 어떻게 정리하겠는가!
혈연관계로 가족을 정리하는 나의 한국적인 사고로는 석철이를 품지 못할 것 같다. 석철이는 아버지에게 버려졌고 가족이 될 수 없는 사람들과 가족이 되었다. 그런 그에게 만나는 누구나 가족이 될 수 있을 것 같다. 어쩌면 양부모님의 특별한 가족관을 물려받아서 그럴 수도 있다.
어찌 됐든 석철이는 나보다 가족의 범위가 매우 넓다.

 내가 석철이를 통해 아버지, 어머니 소식을 들었듯이 부모님도 이혼 후 처음으로 서로의 소식을 듣고 사진을 보았을 것이다. 늙어버린 서로의 모습을 바라보며 어떤 생각을 했을까?
 전 남편과 전 부인의 소식.
노년의 시간에 들리는 전 배우자가 살아온 삶의 이야기들, 타인이 평가하지 않더라도 자기 인생에 결과를 보며 자유로

울 수는 없다. 지금도 석철이를 통해 자기가 뿌린 열매를 거두는 과정이 아닌가!

 석철이의 연락을 받은 내가 이렇게 힘들어할 정도라면 황혼을 살아가는 두 부모님도 잃어버린 아들과 만남은 매우 고통이 컸을 것이다.

 석철이 어머니가 석철이를 버릴 때의 상황과 그 시절 어려움을 알기에 돌을 던지고 싶지는 않다. 오히려 아들, 딸을 버리고 죄책감으로 살아온 긴 시간이 얼마나 고통스러웠을까, 하는 생각이 든다.

 부모가 자녀를 잃어버리는 것이 얼마나 큰 고통인지, 나도 자녀를 키워보고 알았다. 지금까지 석철이 엄마가 살아온 삶이 얼마나 힘들었는지 한 번도 생각한 적이 없으나 글을 쓰며 아들을 버린 어머니의 아픔을 처음 느껴본다.

 석철이 엄마와 함께한 시절이 이미 오래되어 지난 시절을 편하게 바라볼 법도 하지만 지금도 그분을 떠올리기 싫다. 그분과 연결된 모든 기억의 끝은 고통으로 마무리되기 때문이다.

 만약 석철이가 여기서 살았다면 이런 끔찍한 기억을 같이 공유했을 텐데.
어쩌면 석철이가 입양 간 것이 잘된 일 같기도 하다.
그가 이런 슬픈 기억을 갖지 않을 수 있어서.

석철이가 나와 함께 자랐다면, 아마 형제 관계가 끊어졌을 가능성이 크다. 불행한 가정에서 학대와 고통을 받으며 자란 자녀들이 형제 우애가 좋은 경우는 별로 보지 못했다. 사랑도 받아 보아야 나눌 수 있고, 사랑을 나누는 방법을 배워야 사랑하며 살 수 있는 것을 삶에서 배웠다.
 석철이는 아버지와 어머니가 헤어져 사는 부분에 크게 개의치 않고 밝은 모습이었다.
나는 그 모습이 더 안쓰러웠다.

 훌륭한 양부모님에게 성장한 후 친부모를 만났을 때, 비교하지 않으려 해도 인간 성숙의 차이를 쉽게 알 수 있었을 것이다. 성품이 훌륭한 양부모님의 손길에 자라온 석철이가 거친 아버지를 만났을 때 느낌이 확연히 달랐을 것 같다.
 입양 갔을 당시에 친부모님의 부족한 부분이 있었더라도 성장한 석철이가 돌아왔을 때는 더 아름다운 삶을 아들에게 보여주었더라면 하는 기대가 있다. 다시 만난 친부모에게 또다시 상처받는 일이 없었으면 하는 마음에서다. 그나마 아직 살아계신 친어머니 친아버지를 만났다는 것은 석철이에게는 무척 다행스러운 일이다.
 이것이 석철이에게만 해당하는 것은 아니다.
선미도 자기 엄마를 만나는 것은 꼭 필요했다.

선미도 세 자녀를 키우며 부모가 무엇이지. 엄마란, 어떤 존재인지 배웠을 것이다. 엄마를 잃어버린 선미가 세 아이의 엄마가 되어 자신의 엄마를 바라보는 마음은 어떤 마음일까?
정말 서러운 일이다.
 석철이도 친가족을 찾아오기까지 자신이 중요하게 여기는 인생의 문제들이 있었을 텐데. 지금 석철이는 자기 인생에 중요한 문제들을 용기 내어 해결하고 있다.
 나도 석철이를 만나는 과정에서 내 삶에 해결되지 않은 많은 문제가 있음을 알게 되었다. 처음에는 두려워 회피했지만, 조금씩 과거를 생각할 용기가 생기면서 옛 기억을 뒤적이며 현재 이 문제들을 어떻게 정리해야 할지 고민하고 있다.
 동생이 돌아옴으로써 평생 묻힐 것 같았던 단절된 가족의 관계가 다시 연결되었고 연결된 각 사람에게 자신의 역할과 책임을 다시 할 수 있는 기회가 주어졌다.
 부모님도 자식을 버리고 관계를 끊을 때는 그들도 서툰 인생이었다. 하지만 버린 자녀를 다시 만날 기회가 찾아왔을 때 가족 됨을 받아들였다.
 나는 여전히 서툰 부분이 있었지만…….
이런 서툰 인생에서 변화하려고 석철이를 처음 만난 이후

나는 십일 년째 삶을 정리하며 글을 쓰고 있다.
 석철이가 가족을 찾고 있었을 때, 그리고 자기 친가족이 어떤 사람들인지 알고 난 후 무엇이 달라졌을까? 석철이에게 가족이란 무엇일까?
 한국에 와서 자기를 낳아준 어머니와 아버지가 살아가는 상황과 그 모습들을 바라보고 동생은 어떤 생각을 했을까?
 친절한 양부모님의 사랑 가운데서 살던 그는 왜, 잊고 살 수 있었던 자기 뿌리를 찾고자 하는 것일까? 그도 돌아가면 한동안은 일상에 적응하기가 어려울 것이다.
 우리는 같은 부모에서 태어나 전혀 다른 삶을 살았다. 석철이나 내가 인생에서 겪은 고통의 무게를 저울질한다면. 저울은 어느 쪽으로 기울까?
참. 잔인한 인생이다! 이것이 가족인가?
생각할수록 화가 난다!
이런 가족에게 버려져 "고생 많았다! 석철아."

 보통은 외국으로 입양된 자녀가 돌아와 부모를 만날 때 헤어짐에 대한 그 서러운 아픔을 보듬어주고 위로하고 그동안 못다 한 사랑을 나누는 것으로 시간이 부족할 줄 알았다.
 그런데 막상 경찰서에서 전화를 받아 보니 외국에 입양되어 찾아온 자녀에게 왜 부모와 형제가 만나기를 거부하는지 충분히 알게 되었다. 그것은 찾아온 동생의 잘못이나 그에 대한 감정이 아니라 험한 인생을 살며 겪은 나의 아픔을 감당하기 어려워 동생 앞에 나설 수가 없었다.

나는 과거를 마주해야 했다.
내게 없는 용기가 필요했다.
그리고 생각해야 했다.
감정을 해소해야 했다.
마음을 추슬러야 했다.
그리고 시간이 필요했다.
동생의 등장에 당황한 나를 돌볼 시간이.

 동생이 세 번째 한국 일정을 마치고 돌아간 이후 우리는 페이스북으로도 연결을 할 수 있고 카카오톡으로도 연결이 되었다. 하지만 한 번도 동생에게 연락하지 않았다. 또 동생의 소식이나 동생이 살아가는 삶을 알고 싶지 않았다.
이것은 순전히 나의 문제이다.
 나의 이런 거리 두기를 석철이도 느낄 것이다.
한때 입양 간 동생을 찾으려는 나의 노력은 무엇이었고 동생을 만나고 난 후, 나의 달라진 마음은 왜 이럴까?
 분명한 것은 동생이 찾아온 후부터 동생과 함께한 과거의 기억이 찾아왔다.
마음이 격동하고 있다.
불편하다.
참. 괴롭다!
오늘도 동생의 기억이 찾아오며 잠 못 이루는 밤이 깊어 간다.

3

미국으로 입양되는 과정

가족은 사랑으로 시작되고 책임으로 완성된다.

미국으로
입양되는 과정

 석철이 입양을 이야기하려면 석철이 엄마와 아버지가 결혼하기 전, 돌아보고 싶지 않은 내 어릴 적 인생 이야기를 먼저 풀어야 한다.
여섯 살 이전 기억이 내게 얼마나 남아있을까?
불행히도 너무 많아 오히려 불편함이다.
 어린 시절 기억이라 온전하지는 않지만, 그때를 떠올려 보면 새어머니들과 친척들 사이에 늘 숨어지내던 모습이 가장 먼저 떠오른다. 내가 석철이 엄마를 처음 만났을 때는 여섯 살 무렵이었고 부산에서 살고 있었다.
 미국에서 가족을 찾아온 석철이는 아버지와 나의 네 번째 새어머니 사이에서 낳은 아들이다. 당시 아버지는 고향 전주를 떠나 부산으로 이주해 살던 때이다.

나는 석철이 엄마를 만나기 전까지 전주에 있는 큰집에서 함께 살거나 근처 고모 집으로 옮겨 다니며 지냈다. 그리고 그사이 아버지와 만나 잠시 살림을 차렸던 새어머니들과 전주 근교에서 함께 살았다.

아버지가 새어머니와 헤어지고 나면 할머니에게 맡겨졌다. 엄마 없는 나는 할머니에게 늘 가슴에 걸리는 불쌍한 손자였다.

전주에서 아버지 인생은 실패의 연속이었다.

아버지는 첫 아내를 만나 나를 낳았다. 하지만 아내는 곧 집을 떠났으며 이후로도 몇몇 여자들을 만났으나 번번이 가정은 깨어졌다.

이뿐만 아니라 아버지 형제 사이의 불화도 매우 심했다. 큰아버지와 아버지는 주먹다짐으로 싸웠으며 할머니는 다투는 아들들 사이에서 늘 가슴을 졸이며 지내셨다.

그렇게 지내던 어느 날, 아버지는 큰아버지와 크게 다투고 부산으로 떠났다. 할머니는 아버지도 없이 큰집에 얹혀서 눈칫밥을 먹는 나를 데리고 근처 고모 집으로 갔다.

세 살 된 내가 당시 큰집 가족들의 눈총과 미움을 견뎌 내려면 밥 먹을 때를 제외하고는 늘 숨어 지내야 했다. 미운 동생의 어린 아들은 눈엣가시처럼 더 밉게 보였을 것이다.

일 년을 그렇게 산 것 같다.

아버지가 없는 세 살의 기억은 평온했다.

어른들의 큰소리와 거친 행동들로 불안했던 나에게 할머니를 독차지하며 지냈던 세 살의 기억은 지금도 평온하게 느껴진다.

 이듬해 가을.

할머니를 따라 처음 기차를 탔다.

할머니와 함께 가장 멀리 여행한 경험이다.

기차에서 내려 할머니 손을 잡고 찾아간 곳은 산어귀 계곡 주변에 자리한 자그마한 동네였다. 논에 추수가 끝나 논바닥 위에 남은 지푸라기가 많이 보였다. 산길을 걸어 올라가는 동안 어느새 해는 져서 어둑어둑해졌다.

 할머니는 부산에 사는 아버지 집에 가신 것이었다.

처음으로 와본 부산 아버지 집은 어린 내가 보기에 모든 것이 신기하고 새로웠다.

 저녁이 되어 아버지가 퇴근하고 오셨는데, 일하는 작업복에 두툼한 작업 신발을 신고 헝클어진 머리를 하고 계셨다. 아버지는 나를 보자마자 할머니에게 화를 내며 왜 나를 데려왔냐고 고함을 질렀다.

할머니에게는 말할 기회가 주어지지 않았다.

 아버지의 화난 목소리에 주변은 조용해졌고 아버지 언성은 더욱 높아졌다. 화를 이기지 못한 아버지는 급기야 옆에 있던 나를 잡아 던졌다.

 나는 공중에 붕 떠서 날아가는데 아무 생각이 나지 않았다. 주변에 만류하던 사람들이 나를 받았지만, 아버지는 나를 뺏어내 마치 죽일 듯이 던져댔다. 던져지는 나를 받으려 사람들은 이쪽으로 우르르, 저쪽으로 우르르 몰려다녔다. 주변 사람들이 뜯어말렸지만, 아버지는 나를 몇 차례 집어던지고 난 후 화가 조금 가라앉았다.

 시간이 흐르고 겨우 분을 가라앉힌 아버지와 사람들은 벽에 등을 기대고 방안에 둘러앉았다. 방안에 여러 사람이 있었지만, 아무 소리 없이 무거운 침묵만이 흘렀던 기억이 생생하다.

 그날 저녁에 내가 어떻게 잠들었는지 생각이 나질 않는다. 그래도 아버지가 나를 집어던진 기억은 잊히지 않고 가끔 생각이 난다. 하지만 그날 던져진 아이가 나로 느껴지지 않는다. 나는 멀리서 그 상황을 지켜보고 있다. 아버지에게 던져진 아이가 나라고 느껴지는 순간, 나는 몹시 힘들어질 것이다.

 오랜만에 막내아들을 만난 할머니는 어떠셨을까?
가슴 아픈 손자가 내팽개쳐질 때, 할머니도 매우 힘드셨을 터인데…….

이제야 할머니 마음이 헤아려진다.
다음 날 아침, 일어나 보니 아버지는 이미 출근하셨다.
집 밖에 나오니 뒷산에서 시끄러운 새소리가 들려왔다. 이제 막 단풍이 들어가는 산에서는 울긋불긋한 색깔의 나무들이 눈에 사로잡혔고 가을 아침의 찬 기운은 시원하게 느껴졌다. 내가 살았던 전주와 확연히 다른 풍경이었다.
어제 아버지의 거친 모습은 다 잊은 것처럼 사라졌다.
아이라서 쉽게 잊어버린 것인지.
 할머니는 아침부터 집 이곳저곳을 살피며 청소하셨다.
이렇게 나의 부산살이는 시작되었다.
 부산에서 살던 때 아버지 나이는 이십 대였다. 고향에서 인정받지 못하고 도망치듯 빠져나와 새로운 곳에서 새 인생을 시작하려고 하셨다.
 아버지는 고향에서 이미 여러 차례 실패를 경험했다. 가정을 이루려고 세 번이나 도전했지만 성공하지 못했다. 새로운 곳에서 새 삶을 시작하려는데, 할머니는 실패한 인생 열매인 나를 아버지에게 데리고 왔다. 아마 아버지는 실패의 열매를 보고 싶지 않고 던져버리고 싶으셨나 보다.
나는 아버지에게 실패의 열매이다.
살아오며 오랫동안 나를 믿지 못하는 불신이 컸다.
아버지의 실패감이 나에게 전이된 것으로 글을 쓰며 알게 되었다. 그것은 내가 실패한 것이 아니다.
아버지가 실패한 것이다.

 부산에서 두 번의 겨울이 지나도록 할머니와 함께 살았다. 전기가 들어오지 않는 산동네에서 여름 저녁이면 마당에 멍석을 펴놓고 촛불을 켜서 밥을 먹었다.
할머니. 아버지. 나 이렇게 셋이서.
 그 당시 기억에 나름 낭만적인 부분도 있었다.
뒷산에 올라가면 저 멀리 부산 바닷가에 큰 배들이 떠 있는 것이 보였다. 드넓은 푸른 바다는 바위에 걸터앉아 오랫동안 보아도 질리지 않았다. 사계절을 또렷이 느낄 수 있었던 산동네의 어린 시절은 지금도 나의 발걸음을 산으로 재촉하게 한다. 동네에 함께 살았던 또래 아이들과의 추억이 많다.
 가을이면 함께 산에 나무하러 다녔고 방학 때는 모여서 다방구를 하거나 술래잡기를 했다.
 그때 만났던 선주라는 여자아이는 나에게 결혼을 약속했는데, 어른들이 사돈을 맺는다고 했다. 지금은 어디서 살고 있는지 궁금하기도 하다.
 여름 저녁이면 산에서 부엉이가 울었다.
마당에 멍석을 펴서 저녁밥을 먹으며 아버지는 부엉이가 엄청나게 커서 나를 매달고 날아갈 수 있는데, 쥐를 미끼로 덫을 놔서 부엉이를 잡을 수 있다고 이야기했다.
 매일 밤 자기 전에 부엉이가 나를 매달고 날아가면 어떻게 되는지 상상을 했다. 할머니와 함께한 이 년은 내 어린 시절 쉼이 있는 시간이었다.

 아버지가 일하는 곳에서 중매를 섰다.
전라도 남자에게 경상도 여자를 소개한 것이다.
소개 후, 일은 빨리 진행되었다. 아버지는 홀아비셨는데 소개받으신 분은 처녀로 시집을 온 것이다. 어떻게 그런 일이 가능했는지 잘 모른다.
 하루는 새어머니 되실 분이 홀아비 혼자 사는 집을 살펴보기 위해 처음으로 산동네 우리 집을 찾아오셨다. 손님이 찾아오지 않는 우리 집에 낯선 여자가 와서, 어린 나는 호기심이 생겼다.
뚫어져라, 쳐다보는 나에게 그분이 말을 걸었다.
"니 맷 쌀이고
네에?
니 맷 쌀이고"
두 번을 나에게 질문을 했지만 빠르고 굽어진 경상도 사투리를 알아듣지 못했다. 느리고 펴진 전주 말에 익숙한 나로서는 무슨 말인지 전혀 알아들을 수 없었다.

아버지가 통역하셨다.

"너 몇 살이냐고 묻는 거야!"

며칠 뒤, 새어머니의 가족 중에 외할머니와 이모들이 오셨다. 홀아비의 궁색한 살림살이를 보고 싶으셨던 것 같다. 어린아이 눈에 비치는 처음 보는 사람들의 얼굴은 매우 커서 만화 속에 등장하는 인물처럼 보였다.

나를 바라보는 그분들의 눈빛은 참 묘한 느낌이었다. 말을 걸진 않았지만 위아래를 훑어보며 썩 탐탁지 않은 표정임은 분명했다. 그들이 왜 왔는지 모른 채, 낯선 방문객이 신기했던 여섯 살 아이는 그분들을 졸졸 따라다녔다.

내가 알아듣기 어려운 경상도 사투리로 대화하며 혀를 차는 모습이 기억난다. 이분은 나의 네 번째 새어머니의 어머니로 나에게 새로운 외할머니가 되실 분이었다.

그러던 어느 날, 새어머니 되실 분이 분홍색 플라스틱 바구니에 엿을 가득 채워 가져왔다. 플라스틱 바구니 안에는 흰 엿, 콩엿, 깨엿이 다양하게 있었다.

새로 오신 엄마는 나에게 엿을 먹으라고 했다. 나중에 알고 보니 아버지와 결혼식을 올리고 이바지 음식으로 엿을 가져오신 것이었다.

나는 아버지가 결혼식을 하는지도 몰랐다.

결혼식 당일, 나는 아무도 없는 빈집에서 앞산을 보며 하루를 보낸 것이다.

 한참 뒤 집에 새로운 사진 앨범이 있어서 열어보니 아버지 결혼사진이었다. 전주에서 온 친척들과 새어머니의 가족들이 사진 속에 가득했다. 아버지는 새어머니와 결혼식을 하는 것에 관해 나에게 한마디의 말씀도 하지 않았다.
 지금 생각하면 아주 서운하다.
나는 아버지 인생에 없는 존재인가?
어쩌면 아버지는 그 결혼식 사진 안에 나를 넣고 싶지 않으셨던 것은 아닐까?

 사실, 나는 아버지 인생에 지우고 싶었던 존재였다.
아버지는 살아오면서 나에게 "너만 아니었으면……."
이런 말씀을 여러 차례 하셨다. 나에게 문제가 있었던 것인지, 나를 보며 아버지가 인생의 실패감을 느껴서 그런 것인지, 아버지는 늘 자기 인생에 실패의 원인으로 나를 지목하셨다.
 새어머니가 오신 뒤 아버지는 나에게 엄마라 부르라고 했다. 여섯 살이 된 나는 네 번째 새엄마와 삶을 시작하게 되었다.
 새어머니가 집으로 오신 후, 할머니는 전주로 돌아가셔서 한동안 보지 못했다. 내가 다시 할머니를 본 것은 초등학교에 들어갈 무렵이었다. 초등학교 들어갈 나이에 산동네 또래 아이들은 취학 통지서가 나왔는데 나만 나오지 않자 새어머니는 동사무소에 찾아가 내 이름을 확인했다. 그러나 내 이름은 없었다.
 태어나서 지금까지 출생신고를 하지 않은 것이다.
본적지인 전주로 편지를 보냈다. 얼마 후 할머니가 필요한 서류를 떼어 부산으로 가져오셨다. 할머니를 오랜만에 다시 만났다. 나는 할머니가 반가웠지만, 할머니는 나를 보시며 우셨다. 그때는 할머니가 왜 우셨는지 몰랐다.
 이렇게 해서 초등학교에 입학하게 되었다.
그해 학교에 들어갔는지 이듬해 입학을 했는지 잘 모르겠다. 실제 내 나이도 주민등록상 정확한지도 불분명하다.

 아버지는 왜 나를 출생신고를 하지 않으셨을까?
내가 태어난 후, 팔 년이라는 긴 시간이 있었는데.
나를 향한 아버지의 시선을 바라볼 수 있는 부분이다.
 아이를 키워보지 않았던 새어머니는 내 손을 잡고 초등학교 입학식에 참석하셨다. 학교가 집에서 한 시간 정도의 거리가 되어 길을 익힐 때까지 일주일 정도 나를 데리고 다니셨다. 그 후로는 동네 아이들과 함께 등 하교를 했다.
추운 겨울날, 우리 집에 아랫집 영미 엄마와 동네 아줌마 몇 분이 집에 오셨다. 나는 무슨 일인지 궁금한데, 어른들은 추우니 방에 들락날락하지 말고 가만히 있으라고 했다. 아버지에게는 아궁이 불을 더 때라고 말을 하고 방에서는 여성의 비명이 들렸다. 오랫동안 고함치는 소리, 달래는 아줌마들의 이야기, 힘을 더 주라는 소리가 이어졌다.
 한참 후, 아버지를 찾는 큰 소리가 났다.
동네 아줌마들은 서로 잘 되었다며, 수고했다는 격려의 말들을 했다. 또 뜨거운 물을 대야에 담아 방으로 들어갔다. 그리고 차츰 한 분씩 집으로 돌아가고 새어머니는 잠이 들었다.
 동생 선미가 태어난 것이다.
초등학교 첫 겨울 방학 때 동생 선미가 태어났다.
선미가 태어난 후. 나를 대하는 새어머니의 태도가 달라지는 것을 느낄 수 있었다. 사랑이 예민한 초등학교 일학년 시절, 여동생의 등장은 새엄마는 내 엄마가 아니라는 것을 알아가게 하였다. 자연스러운 인간의 마음이었겠지만, 사랑에 굶주린 나에게는 눈물 나도록 서운한 일이 많았다.
 아이는 감수성이 예민해 작은 것에 감정변화가 심하다.
내 엄마가 아닌 것을 느낄수록 외로움이 깊어진다.
그럴수록 할머니가 그리웠다.
 그 시절 가슴을 에는 느낌은 어른이 된 지금, 어린아이들의 아픔을 보며 전해오는 공감으로 자리 잡았다.

 아버지는 집에서 출퇴근하거나 때로는 일주일에 한 번씩 오시며 돈벌이를 하셨다. 아버지의 성격은 전주에서와 달라진 것 없이 여전했다. 덕분에 내 삶의 대부분은 불행으로 채워져 있었다.
 아버지는 술을 좋아하셨고 술을 드시면 평소와 전혀 다른 사람으로 변했다. 아버지가 술을 찾는 순간 나는 얼어붙고 숨을 곳을 찾아야 했다.
 선미 엄마도 아버지에게 참 많이 맞았다.
술에 취해 선미 엄마를 때릴 때마다 산 계곡을 타고 온 동네에 비명이 메아리쳐 울려 퍼졌다.
"영미 엄마요 나 좀 살려 주이소!"
라고 외치던 새엄마의 비명은 지금까지 나에게 선명하다.
 영미 엄마가 우리 집에 와서 말리고, 떼어놓고, 집으로 데려가고, 이런 날들이 부산에 살던 시기에는 일상이었다.
 마당 가운데 던져진 밥상과 깨어져 흩어진 그릇들 사이로 흙이 섞인 반찬들, 그리고 그 옆에 쭈그려 앉아 울고 있는 새엄마의 모습은 참담한 기억이다. 밥상이 마당으로 내 던져질 때면 내 몸이 바짝 마르며 없어지는 느낌이었다.
더는 이렇게 살아갈 수 없을 것 같았다.

나는 얼어붙어 울지도 못했다.

 이런 극심한 불화는 새어머니의 친정집에도 알려져 친정 식구들과 고소로도 이어졌다. 아버지가 경찰서에 다녀온 뒤 새어머니를 닦달해 빨리 고소를 취하하라며 밤새 들볶았다. 그러나 아버지는 폭력 전과가 남았다.

 이 폭력 전과는 나중에 취업 문제로 이어지며. "니 친정 식구들 때문에 내 인생이 망쳤다!"라고 선미 엄마를 얼마나 힘들게 했는지.

 정말 몸서리가 처진다.

'아버지는 참 징글징글한 인생이다!'

 학교가 끝나고 집으로 돌아오던 중, 시장 길목에서 아버지를 몇 차례 보았다. 술에 취해 빨갛게 충혈된 눈을 하고서 헝클어진 머리에 화가 잔뜩 난 모습이었다.

 선미 엄마는 근처 길가에 쭈그리고 앉았는데, 얼굴이 많이 맞아 시퍼렇게 멍든 모습으로 울고 있었다. 그 모습을 본 나는 온몸이 얼어붙고 다리에 힘이 빠져 움직이지도 못하고 그 자리에서 옷에 오줌을 싼 적도 있었다.

 나는 아버지, 어머니의 눈을 피해 다른 길로 멀리 돌아서 집으로 갔다. 이런 모습을 보고 집으로 가는 길은 마치 지옥으로 가는 것처럼 느껴졌다.

온몸의 감각을 느낄 수가 없었다.

소리가 들리지 않고.
말을 할 수 없고.
맛을 느낄 수가 없으며.
아무것도 내 눈에 보이지 않고.
손에 느껴지는 감각이 전해지지 않았다.
뇌가 있는 것 같지 않았다.
오로지 심장이 두근대는 것만 알 수 있었다.
무시무시한 기억이다.

 아버지는 평소에 선미 엄마의 씀씀이가 헤프다며 자주 소리를 질렀다. 선미 엄마는 시장 가는 것을 좋아했으며 화장품 외판원이 찾아오면 외상으로 화장품을 사 놓곤 했는데, 아버지는 몹시 못마땅해하셨다. 집에 모르는 물건이 있을 때는 어디서 났느냐고 심하게 다그쳤다. 또 의심되면 선미 엄마를 끌고 가 시장 상인들에게 외상이 있는지 일일이 따져 물었고 화장품 외판원 아줌마들에게 집에 오지 말라고 거칠게 쏘아붙였다. 혹시라도 외상으로 산 물건이 발각될 땐 선미 엄마를 향해 악 지르는 소리가 온 시장통에 울려 퍼졌다.
 아버지의 이런 모습을 시장에서 보는 날에는 나는 꼼짝하지 못하고 얼어붙었다.

사지가 덜덜 떨리는 경험이었다.

 선미 엄마는 부산, 도시 사람이라 매일 시장을 통해 생활했지만, 전주 시골 사람인 아버지는 밭에서 나는 것으로 생활을 했기에 선미 엄마의 소비적인 생활 태도를 이해하지 못한 것 같다.

 아버지는 시장에서 한바탕하고 집에 돌아와서도 분이 풀리지 않아 살림살이를 부쉈다. 그러고선 선미 엄마를 밤새 들볶으며, "니미 니 애비가 이렇게 가르쳤냐!"며 소리를 쳤다.

 선미 엄마가 혼수로 해온 큰 장롱의 문짝을 주먹으로 때려 부숴 며칠 후 다시 고치는 모습을 종종 보았다.

 한 번은 집 지붕을 주저앉히겠다고 톱을 들고 지붕으로 올라가 대들보를 자른다고 소리치던 날이 있었다.

어린 나는 그 모습이 너무 두려웠다.

 지붕에서 톱을 들고 고래고래 소리를 지르는 아버지의 모습에 얼어붙어 움직이지 못하고 발이 땅을 딛고 있는지 느껴지지 않았다. 집이 무너지는 것을 바라볼 수가 없었다. 집이 무너지면 살 수 없을 것으로 생각했다.

아버지는 자기 마음대로 되지 않으면 화를 냈고, 화가 풀리기 위해 곁에 있는 물건들을 부쉈다. 아버지는 부숴야 살 수 있었다.

때리고, 던지고, 깨고, 부시고, 무너트리고.

무엇이 이토록 아버지를 힘들게 할까?
선미 엄마와 나는 결코 아니다.
 이곳 일상은 아버지에게 선미 엄마가 맞거나 내가 맞거나 살림살이가 맞아 부서지는 것이었다. 아버지가 가장 가까운 사람들과 물건들을 부수며 살아갈 때, 아버지의 인생도 다 부서졌다. 이런 힘겨운 결혼생활에 선미 엄마는 가끔 친정집으로 돌아갔다.
 선미 엄마도 견디다 못해 피신한 것이다.
이럴 때는 아버지도 집을 떠난다.
그러면 부모 없는 집에 나만 홀로 집에 남겨졌다.
한번 나가면 며칠째 집으로 돌아오지 않았다.
 초등학교 이학년 때 사흘을 굶고 학교를 다녀오다 쓰러져 친구가 업고 집에 돌아온 적도 있었다.

어느 겨울날, 선미 엄마가 심하게 맞고 집을 나갔다.
선미 엄마가 집을 나가자 아버지도 집을 떠났다.
 며칠이 되었는지 아랫목에 묻어두었던 밥이 쉬어간다.
전기가 안 들어오던 시절 초저녁부터 누워 긴 긴 겨울밤을 뒤척였다. 어린 나는 산동네 빈방에서 이불을 이리 들썩, 저리 들썩하며 외롭고 공허한 밤을 허우적댄다.
달빛에 비치는 창문의 나뭇가지 움직임이 무서워 이불 속에 머리를 파묻고 두려움을 견디고 있다.
아, 모두가 나를 버리고 떠났다.
쉰내 나는 밥과 어두움의 밤이 내게 남겨졌다.
나는 버려졌다.
아버지의 실패작인 나는 버려졌다.
짐 덩이 같은 나는 버려졌다.'
 부모가 싸우고 떠난 빈집에 홀로 남아있는 어린아이의 막막함이란!
 불 꺼진 방에서 혼자 누워 괘종시계 소리를 듣고 있는 긴 밤의 시간은 공허하고,
두렵고,
불안하고,
외롭고,
배고프고,
서러웠다.
 이렇게 버려진 무가치함은 내 마음에 커다란 우울의 호수가 되어 내 일생을 무의미에 빠트렸다.

'왜 살아야 하는 걸까?
사는 것이 무의미하다.'
무의미 가운데 기쁨은 우울하다.

무의미 가운데 웃음은 우울하다.
무의미 가운데 좋은 일은 우울하다.
나의 모든 감정의 끝은 우울감으로 만난다.

'부부가 원수지간이 되었는데, 자식새끼가 눈에 들어오겠는가!' 아버지도 뒤틀린 속으로 어디론가 훌쩍 떠나버리고 자신이 달래지기까지 집으로 돌아오지 않았다. 아버지는 서툰 자기 인생살이에 화풀이하고 떠났다. 새어머니는 남편의 폭력을 피해 피신하였다.
 아이는 부모가 떠난 자리에서 버려진 채, 아버지가 다시 나를 찾아오기를 기다리고 있다.
버려진 유기견이 주인을 기다리듯이.

 이렇게 나의 부산살이는 저물어가고 있었다.
어느 날 아버지는 선미 엄마가 해온 혼수를 팔기 시작했다. 큰 장롱과 재봉침, 살림살이에 이불까지 팔았다. 며칠 후, 남은 살림들은 아랫집 영미 아빠와 지게로 져서 차가 다니는 큰길까지 내왔다. 기차 편에 짐을 부쳐서 전주로 옮기신 것이다.
 우리가 산동네에서 이사하던 날, 산동네 이웃 사람들이 내 이름을 많이 불러 주었다.

"석진아, 가서 잘 살아!"
 동네 사람들이 큰길까지 나와 배웅해주며 그분들의 아쉬운 눈빛을 보았다. 아직 헤어짐을 잘 모르던 나는 이사를 한다는 기대가 컸다. 나는 정들었던 부산의 산동네 친구들과 이렇게 작별을 했다.
 아직 석철이는 우리 가족으로 태어나지 않았다.

 내가 전주로 돌아왔을 때는 초등학교 삼학년 여름방학이었다. 아버지는 이미 실패를 경험했던 전주로 왜 다시 돌아왔는지 정확히는 알 수 없었다.
 그러나 부산에서도 살아가기가 힘들었던 것은 분명하다. 이미 실패를 거듭한 전주로 돌아간다는 것은 아버지도 심사숙고 끝에 내린 결정일 것이다. 이렇듯 아버지의 인생이 실패를 반복하는 원인은 지역이나 도시에 있지 않았다. 아버지의 거칠고 폭력적인 성격과 부족한 성품이 자신의 인생을 망치고 있었다.
 전주로 돌아온 우리 가족은 큰집에서 함께 살았다.
할머니는 둘째 큰아버지 집에서 사셨다. 우리는 큰집과 살림을 따로 하지 않고 시골 부엌에서 함께 밥을 해서 먹는 한집 살이었다. 살림살이를 부산에서 다 정리한 것은 아버지가 멀리 이사 가며 가져갈 수 없다고 판단하신 것 같다.

선미 엄마는 처음으로 고향을 떠나 낯선 전라도로 가게 되었다. 변변한 세간도 없었고 큰아버지 집에서 함께 살림했으니 선미 엄마도 얼마나 불편했을까, 이제 와 선미 엄마를 이해해 본다.

 시골 촌집이라 대청마루 옆에 작은방이 있었는데 그곳에서 선미와 어머니 아버지가 계셨으며 나는 큰어머니 가족과 함께 잠을 잤다. 나도 눈치가 보여 낮에는 늘 작은방에 있었다.

 내가 다니는 학교는 멀었고 부산과는 달리 시골 학교라 적응하는 것이 무척 힘들었다.

 전주에 온 지 얼마 안 되어 아버지는 다른 지방으로 일을 하러 떠났다.

큰집도 시골에서 어렵게 사는데 동생네 가족까지 와서 더부살이를 하니 큰어머니의 불편한 기색이 또렷했다. 큰어머니는 말이 거칠었으며 새어머니와 우리 가족에게 늘 쌀쌀하게 대하셨다. 선미 엄마에게 불평이 많았다.

 경상도 도시 여자가 전라도 시골의 삶은 모든 것이 낯설었다. 선미 엄마에게는 서글픈 시집살이다. 이런 상황에서 선미 엄마는 아이를 가져 배가 불러왔다.

 타지에서 남편도 없이 아이를 낳는 일이 여성으로서 얼마나 두려운 일인지 나도 결혼 후에 알게 되었다.

아이를 가진 것에 큰어머니는 못마땅하게 말씀하셨다. 선미 엄마는 "형님 그래도 아들 하나는 더 낳아야지요."라고 말한 것이 기억난다. 선미 엄마가 아이를 낳을 때 이웃 여성분들이 도와 집에서 출산했다.

학교에 다녀오니 아이가 태어났다. 아버지는 계시지 않았다. 큰어머니가 까만 비닐봉지에 무언가를 꽁꽁 싸매 나에게 주면서 강가에 버리고 오라 하셨다.

나는 다리 위로 올라 가장 깊은 곳에 봉지를 떨어뜨렸다. 그리고 흘러가는 모습이 시야에서 사라질 때까지 쳐다보았다. 아마 태반이었던 것 같다.

석철이는 이렇게 태어났다.

석철이가 태어날 때, 난 열한 살이었다.

아버지 없이 얹혀사는 상황에 석철이가 태어났으나 축복받지 못한 환경이었다. 아이가 태어났지만, 누구도 웃지 않았다. 우리 가족은 웃을 수 없었다.

글을 쓰며 그때의 슬프고 침울한 느낌이 전해져 온다.
'아, 이 서글픔!'
사는 게 왜 이리 힘들었을까?

할머니는 태어난 아이 이름을 석철이라 지어주었다.

할머니는 석철이에 대해서 어떤 마음으로 이름을 지으셨는지 잘 모르겠다. 하지만 석철이의 한문으로 이름을 지으시며 초등학교 사학년이던 나에게 설명을 해주셨다.

碩 (클 석) 哲 (밝을 철)

 크고 빛나는 사람이라고 설명하시는 할머니를 생각해 보면 할머니도 석철이를 향한 기대가 있으셨던 것 같다.

 축하받지 못하는 서글픈 환경에서 태어난 석철이가 할머니의 소망대로 크고 빛나는 사람이 되기 위해 미국으로 보내어진 것일까?

슬픈 상상이다.

부모에게 버려져야 크고 빛이 난다면 나는 빛이 나고 싶지 않다.

 우리 가족이 생활했던 작은방은 연탄 아궁이가 있었지만, 외풍이 심해 한겨울에는 방 안에서도 입김이 보였다.

이 작은방에서 갓난아이와 추운 겨울을 지냈다.

 내가 석철이를 다시 만났을 때, 까맣게 잊어버린 이 작은 방문을 다시 열게 된 것이다. 갓난아이가 추운 방에 누워있는 안타까운 상황이 내 온몸으로 전해진다.

춥고 침울하다.

 아버지가 없이 큰집에 얹혀사는 동안 석철이 엄마는 구박을 많이 받으며 살았다. 참, 독한 시집살이다. 아버지의 폭력에서 피하게 되자 고된 시집살이가 기다리고 있었다.

 아버지는 매달 집으로 돈을 보냈는데 돈을 큰어머니가 관리하셨다. 큰어머니가 우체국에 돈을 찾으러 가실 때 나도 따라간 것을 기억한다. 큰어머니는 함께 밥을 먹는 것 외에는 우리 가족이 생활하는 데 필요한 어떤 지원도 하지 않으셨다.

 돈 한 푼 생기지 않는 시골 생활에 아무런 지원 없이 선미 엄마는 어떻게 견디었는지…….

정말 무력하고 절망적인 시간이었다.

우리 집이 아니라서 어떤 것도 요구할 수도 없었다.

 선미 엄마는 초등학생인 나에게 부산으로 가고 싶다고 자주 이야기했다. 돈만 구해지면 부산으로 갈 것이라고.

어느 날.

돈이 없었던 선미 엄마가 금목걸이를 팔러 나갔다.

버스비를 아끼려 금은방이 있는 시내까지 먼 거리를 나와 함께 걸어갔다. 선미 엄마는 금은방 주인과 흥정하며 가격을 잘해달라고 부탁했다. 큰돈은 아니지만, 몇만 원 정도 받았던 것 같다.

 며칠 뒤 선미 엄마는 친정으로 갔다.

큰어머니는 주변 이웃들에게 선미 엄마가 돈이 어디서 나서 친정집을 갔는지 연신 이야깃거리로 삼았다. 그리고 분명히 집에서 돈을 훔쳐 갔을 거라며 험담을 했다.

 나는 목걸이 판 돈으로 차비를 했을거라고 생각했지만, 누구에게도 말은 하지 않았다.

 그리고 한동안 선미 엄마마저 없는 시간을 보냈다.
선미 엄마가 없는 사이 나와 선미는 더 혹독한 시간을 견뎌야 했다. 어린 선미는 엄마가 없으니 잘 울었다. 그럴 때마다 큰엄마는 부지깽이를 들고 와서 소리를 쳤다.
"가시내가 집구석에서 왜 우냐!
니미가 죽었냐! 니 에비가 죽었냐!
새끼들만 퍼질러 놓고 누구 고생하라고."

 선미는 특히 잠에서 깰 때나 잠들기 전에 자주 울었다. 엄마를 잃어버린 네 살 아이의 슬픈 울음이었지만 아무도 선미를 돌보지 않았다. 나는 선미가 울 때마다 나까지 혼나게 되므로 손으로 선미의 입을 틀어막고 울지 말라고 사정했다.
내가 선미를 돌보기에는 부족한 점이 많았다.
엄마를 찾는 선미의 눈물에 주저앉아 있는 것뿐이다.
부모 없는 하루는 참 길었다.
선미와 나는 부모를 향한 기다림도 없었다.
그냥, 있었다.

 추운 겨울날 아침, 큰어머니는 나에게 산에 나무하러 가자고 했다. 아침부터 눈발이 날리기 시작했고 아홉 시에 산에 올라갔다. 떨어진 솔잎을 긁어모아 자루에 담아 와야 하는데 겨울이 깊어져 산 아랫부분은 이미 다른 사람들이 다 가져갔다. 갈퀴와 자루를 들고 산꼭대기를 넘어 반대편까지 간 후 솔잎을 볼 수 있었다. 이곳저곳에서 긁어모았나.
 벌써 점심때가 지났고 산 중이라 바람도 많이 불었다. 눈발이 날려 눈뜨기가 힘들었다. 친구들과 달리 나는 부모가 없어 이런 고생을 하는구나! 이런 생각이 들었다.
 큰어머니는 내려갈 생각이 전혀 없는 것처럼 보였다. 배도 고프고, 날은 춥고 나는 큰어머니가 내려가자고 하는 말만 종일 기다렸다. 손은 점점 시려지며 갈퀴 자루가 쥐어지지 않았고 바람을 막을 만한 큰 나무 옆에서 큰어머니의 눈을 피해 덜덜 떨고 있었다.

 추운 산꼭대기에서의 하루는 정말 울고 싶었다. 나는 왜 부모가 없이 이렇게 살아야 하는지 정말 서러웠다. 겨울날 어둑어둑해질 때가 되어서야 산꼭대기에서 긁어모은 나무 자루들을 산 아래로 굴려 내렸다. 내려오는 동안 추위와 배고픔에 지친 몸을 이끌고 나무에 걸리고 끼인 자루들을 끌었다. 나는 거의 탈진 상태였다.
 늦은 저녁밥을 하려고 아궁이에 불을 때는데 종일 얼어있던 온몸이 녹으며 전기가 오는 것처럼 저려 왔다.
그날 이후 지금껏 나는 겨울과 눈이 싫다.
 큰 집에 사는 이 년 동안 양말 한 켤레가 변변히 없어 겨울에도 구멍 난 양말에 검정 고무신을 신고 다녔다. 한 번은 할머니가 오셔서 내 양말을 준비해 주시고 떨어진 곳을 기워 주셨다. 근처에 사는 사촌 형들에게서 작아진 겨울 외투를 얻어 오셔서 나에게 입히셨다.

 그나마 집에서 추운 것은 견딜 수 있었다.
학교에서 필요한 준비물이나 육성회비를 내지 못해 아침마다 앞으로 불려 나갈 때는 너무너무 힘들었다. 도시락이 없어서 점심시간에는 운동장 한구석에 숨어있다가 점심시간이 끝나면 나왔다.
참, 부끄러웠다.
정말 부끄럽고 힘든 시간이었다.
 당시에는 학기 초에 선생님이 가정 방문을 하시던 때였다. 큰집에 선생님이 오시면 큰어머니는 선생님과 편안하게 대화를 나누셨다. 아마 선생님은 평범한 가정으로 생각하셨을 것 같다. 한 번은 담임선생님께서 학교 서무실로 불러 육성회비를 왜 못 내는지 물어보셨다.
"너희 큰어머니는 잘 챙겨 주시는 분이신데."

나는 아무 말도 하지 못했다.
 어린 마음이지만 내 부모님이 아니기에 돈을 달라고 할 수 없었다. 또한 돈 이야기를 꺼낼 때마다 큰어머니는 아버지를 욕하며 새끼들만 맡겨 놓고 떠났다고 화를 내셨기에 말을 할 수 없었다.
 학교에 다니며 부끄러운 일을 많이 경험했다.
그러나 내가 해결할 수 있는 것은 아무것도 없었다.
그저 이 부끄러운 시간이 지나가기를 기다리거나 숨는 것이 전부였다. 초등학교는 가장 생각하고 싶지 않은 기억이다.

 가을날 오후 신작로에 널어두었던 콩을 거두는데 시골 마을에 택시가 들어왔다.
택시에서 내린 사람은 아버지였다.
나는 일 년 만에 본 아버지에게 "아빠" 불렀지만, 아버지 표정은 밝지 않았다. 그 순간 두려움이 내 몸을 눌렀다.
 아버지가 돌아오므로 고달픈 큰집 생활이 더 위태위태해졌다. 학교에서 돌아오면 아버지는 마루에 걸터앉아 막걸리를 들고 계셨다. 술에 취해 빨갛게 변한 눈동자와 거친 욕설은 집안 분위기를 평소보다 한층 더 긴장하게 했다.
 어느 날 저녁.
방안에 불길한 기운이 도는 가운데 아버지는 큰어머니에게

일 년간 집으로 보낸 돈을 달라고 말했다. 큰어머니는 우리 가족을 돌보는 데 다 사용했다고 말씀하셨다.

보낸 돈의 사용처는 장부에 다 적어 놨다고 하셨다. 아버지의 얼굴은 험악하게 굳어져 갔다. 큰어머니의 이야기는 밤늦게까지 이어졌으나 아버지는 화가 사그라지지 않았다.

 나는 그제야 아버지가 부산에서 전주로 온 이유를 알게 되었다. 큰집에 가족을 맡겨 놓고 객지에서 번 돈을 부치면 큰어머니가 목돈으로 만들어 줄 것으로 계획하신 것이었다.

 아버지는 아내보다 형의 가족이 더 믿음직스러웠던 것 같다. 평소에 선미 엄마의 씀씀이를 못마땅하게 여기시던 아버지가 큰어머니에게 돈을 맡기는 것이 안심되었던 것이다.

 그 후 아버지는 한동안 술에 의지해 살았다.

그날도 아버지는 나에게 막걸리를 사 오라고 시켰다.

그리고 앞 마루에 걸터앉아 신김치에 주전자로 받아 온 막걸리를 드시는데 선미 엄마와 큰아버지 큰어머니가 주변에 함께 계셨다.

 술을 드시는 날에는 아버지 눈에 띄면 안 된다.

언제 돌변해서 시비를 걸지 모르기 때문이다.

하필 다섯 살 선미가 아버지 술 드시는 옆에서 울었다.

아버지는 갑자기 소리를 '꽥' 질렀다.

그러더니 선미의 한 손을 잡고 공중에서 빙글빙글 돌리더니 밭으로 던져버렸다.
 순간,
주변 어른들의 제지가 있었지만, 아버지를 막지는 못했다.
선미 엄마의 비명과 함께 선미는 십 미터쯤 날아가 밭에 떨어지며 미끄러져 나갔다.
선미는 울지도 못했다.
엄마가 선미를 일으켜 세웠을 때.
선미의 얼굴은 밭의 흙과 돌이 뒤섞여 피범벅이 되었다.
선미 엄마의 울부짖는 소리와 아버지의 거친 욕설이 오고 갔다. 나는 숨어서 이 광경을 지켜보다 도망쳤다.
그날 선미가 죽지 않은 것은 기적이었다.

 아버지는 자신이 일 년간 고생해서 모은 돈으로 새로운 인생 계획을 하고 돌아오셨다. 하지만 이번에도 아버지 뜻대로 되지 않았다.
아버지는 또 실패했다.
 아버지는 부산에서 전주로 올 때 많이 고민했을 것이다.
가진 모든 것을 정리하고 새롭게 계획한 일이었지만, 결국 자신에게 남은 것은 빈손에 어린 자식들뿐이었다.
무력하고 좌절된 시간이었다.
아버지는 자신의 계획이 실패한 것에 화가 났다.

그래서 날마다 술에 의지해 시간을 보내며 화난 자신을 달래고 있었다. 또 객지에서 고생해 번 돈을 모아놓지 않은 큰집 식구들에 대한 불만을 자기 자식을 학대해 괴롭히는 끔찍한 일을 하고 있었던 것이다.

 가족을 고통의 틀에 넣어 피를 짜내는 삶이었다.
나는 이때부터 아버지를 죽게 해달라고 신께 기도했다.
가족 모두를 고통의 궁지로 몰아넣고 피를 짜내는 아버지가 없어져야 살 수 있었다.

 얼마 후, 아버지는 전주 큰집을 떠나셨다.
아버지가 떠날 때는 언제나 다투고, 싸우고, 원수가 되어 떠나셨다. 선미 엄마와 나는 원수처럼 나빠진 큰집에 남겨져 어색한 동거를 이어갔다.
 남겨진 우리 가족은 큰집 눈치를 더 많이 보게 되었다.
예전에 네 살 때의 일이 반복되어 나는 다시 숨어지내는 시간이 많아졌다. 아버지가 떠난 후, 불편한 큰집에서 두 번째 겨울을 지냈다.
 오 개월 정도 지나. 어느 날 밤 아버지는 술에 잔뜩 취해 집에 돌아오셨다. 몇 개월 만에 집에 오셨는데 혼자가 아니었다. 처음 보는 여자와 함께 오셨다.
 얹혀사는 친척 집에 아내가 있는데 다른 여자를 데리고 오신 것이다. 시골이며 이미 밤이 깊어 함께 오신 여자분도 큰 집에서 잤다.

다음 날 오전 술이 깬 아버지 옆에 함께 온 여자분은 아무 말 없이 앉아만 계셨다. 분위기가 좋지 않음을 알고 나는 안방에 들어가지 않았다. 아버지의 얼굴도 많이 굳어 있었다. 선미 엄마는 방에 들어가지 않고 어린 석철이를 업고 밖에서 서성였다.
큰어머니가 아버지에게 눈치를 주며 말씀하시던 것이 똑똑히 기억난다.
"선미 엄마가 있는데 다른 여자를 데리고 오면 어떻게 하냐고……."

그날 오후, 아버지와 그 여자분은 함께 집을 떠나셨다.
선미 엄마는 아무런 말이 없었다.
어린 석철이를 등에 업은 채, 마당을 서성일 뿐이었다.
선미 엄마는 남편이 다른 여자와 함께 집을 떠났어도, 여전히 시골집에 남아서 아이를 돌보고 있었다.

그날에 어른들의 모습은 이해가 되지 않는다.
큰어머니, 큰아버지, 아버지, 선미 엄마, 서울 아줌마.
어른들은 잘못된 일을 바로잡는 어떤 시도도 하지 않았다.
무엇보다, 그날 선미 엄마는 왜 아무런 말이 없었는지. 왜 친정으로 돌아가지 않았는지 나는 잘 모른다.
 폭력적인 아버지와 살아오며 대항할 수 없는 사람으로 길들여진 것은 아닌지. 아이를 업고 바깥에서 서성이는 정도의 표현밖에 할 수 없었던 선미 엄마를 생각하면.
참. 비통한 일이다.

 얼마 뒤, 오학년 여름방학 때 나와 선미는 서울로 갔다. 어린 나는 서울에 갈 생각에 큰 기대가 있었다. 선미 엄마를 전주에 두고 떠나야 했지만 남겨진 선미 엄마에 관한 생각이 내게 없었다. 오로지 새로운 곳에서 일어날 일들에 대한 상상만이 가득했다.
 이렇게 서울로 와서 다섯 번째 엄마를 만나게 되었다. 새어머니는 아버지가 전주로 데리고 온 여자분이셨다.
 아버지는 매번 이런 식이었다. 언제나 그렇듯 인생이 풀리지 않으면 아무런 이야기도 남기지 않은 채 떠났다. 뜻대로 안 되면 모든 것을 버리고 떠나는 것이 아버지의 삶이다.
 현재의 삶을 훌쩍 떠나 새로운 삶을 선택하였다. 끝까지 책임을 지며 가정을 꾸려가려는 모습이 없었다. 술을 드시면 자신을 믿고, 내 주먹을 믿으라고, 가슴을 치며 소리쳤지만, 술이 깨고 나면 그런 자신이 부끄러워 자기만의 세계로 숨어들었다.

아버지의 인생은 정처 없이 떠도는 나그네 같다.
자기 뜻대로 되지 않는 인생살이를 원망하며.
반복적으로 깨어진 가정을 볼 수 없어.
늘어가는 다른 아이들을 버리고.
또다시 사랑을 찾아, 의지할 여자를 찾아.
실패한 자기를 마주 볼 수 없어, 그렇게 떠났다.
참 실망스럽고 분통 터지는 삶이다.

내가 전주에서 서울로 떠날 때 남겨진 선미 엄마에 대해 생각하지 못했다. 수년을 함께 살며 쌓은 정이 있었을 텐데. 나는 그분에 대해 아쉬움이나 애착, 그리움이 전혀 없었다. 선미 엄마와 내가 가족이 되지 못한 것이 분명하다.

선미도 친엄마를 떠나 서울로 왔지만 일곱 살이던 아이는 엄마를 전혀 찾지 않았다.
이것이 우리 가족의 삶이다.
이미 어려서부터 서로가 두려움을 주는 존재이며 헤어져도 생각이 나지 않는 관계를 유지하고 살아왔다. 각자 생존을 위해 가족 구성원끼리 관계를 맺지 않는 정말 황폐한 삶이다.

인간과 친밀함을 느끼지 못하고.
사람을 믿는 신뢰를 배우지 못하고.
마음을 나누는 소통을 알지 못하고.

서로를 돌보는 책임을 지지 않는 가족이다.
선미와 나는 인간으로 성장하며 배워야 할 것을 배우지 못하고 이렇게 망가져 갔다.

아버지와 나, 선미가 서울로 떠난 뒤로 전주 큰아버지 집에는 어린 석철이와 석철이 엄마만 남겨졌다. 초등학교 오학년이었던 나는 우리 가족이 어떻게 되어 가는지 잘 모르고 있었다.

그 시절에는 가족보다는 나의 불안에 관심이 컸다. 나의 마음은 늘 불안과 두려움에 절인 것처럼 조마조마했으며 외부에서 어떤 일이 일어나고 있는지 관심이 없었다. 그저 불안의 낌새를 감지하면 숨을 곳을 찾아 나를 보이지 않는 것이 생존 방식이었다.

돌아보니 이런 극심한 불안 속에 살아온 내가 신기하기도 하며 짠하기도 하다.

새롭게 시작된 서울 생활은 전주와 매우 달랐다.
서울 동대문의 집에는 작은 대문 안에 다섯 집이 방을 한 칸씩 세를 얻어 살고 있었다. 여태 내가 살아 본 방 중에 가장 작은 방이었다. 아침이면 하나뿐인 화장실 앞에 줄을 서 있었다. 재래식 화장실이라 화장실에 다녀오면 냄새가 몸에

배어 밖에 오 분쯤 서 있다가 몸에서 냄새가 빠져나가면 방으로 들어가곤 했다.

　작은 마당에 수도꼭지가 하나 있는데 큰 통으로 물을 받아 다섯 집이 사용하고 있었다. 아침이면 다섯 집의 아줌마들이 항상 시끌시끌해서 잠에서 깨기 일쑤였다. 시골에서 올라온 깡마르고 새까맣게 탄 소년의 이야기는 새로운 화젯거리였다.

　서울에 온 지 얼마 안 되어 선미 엄마가 석철이를 데리고 친정으로 돌아갔다는 이야기를 아버지에게 들었다.
아버지는 마치 기다렸다는 듯이 웃으며 이야기하셨다.
선미 엄마가 부산으로 도망갔다고 통쾌한 웃음을 짓는 아버지의 모습이 기억난다.

　아버지는 이혼도 하지 않은 상태에서 자식까지 뺏어와 다른 여자와 살며 전처가 스스로 떠나기를 기다리셨던 것 같다.

　아버지가 선미 엄마와 헤어질 것을 서로 합의한 것인지는 잘 모른다. 만약 두 사람의 합의가 있었다면, 전주에 혼자 남겨진 선미 엄마는 하루라도 더 남아있을 이유가 없었을 것이다. 하지만 아버지 이야기를 들었을 때, 선미 엄마도 아버지와 함께 살기 어려워 아버지가 먼저 이혼을 요구하도록 기다렸을 수도 있다.

며칠 뒤 학교에 다녀온 후, 어른들의 이야기를 엿들었다. 석철이 엄마가 이곳 서울 집을 찾아오신 것이었다. 석철이 엄마와 친정 식구들 두 명이 찾아와 어린 석철이를 잠시 안아보라고 하셨다고 한다. 기저귀를 갈려고 하는 것처럼 해서 아이를 받았더니 세 여성이 도망치듯 사라졌다고 했다. 아버지는 아이를 떠넘기고 도망갔다고 화를 냈다.
"그때 아이를 안 받았어야 했는데, 내가 그걸 알았나! 정말, 못된 것들이구먼!"
그리고 한동안은 선미 엄마가 어떻게 이 집 주소를 알았는지가 아버지의 주된 관심사였다. 아마 서울 새어머니와 처음 전주 시골집에 방문했을 때 주머니를 뒤져 주소를 알았을 것이라며, '아주 못 돼먹고 교활한 년'이라며 이웃들에게 악담하고 계셨다.

그리고 며칠 후, 집에서 석철이가 없어졌다. 하지만 석철이에 대한 소식을 어른들에게 물어볼 수 없었다. 얼마 지나지 않아 아버지가 무용담처럼 옆집 사람들과 하는 이야기를 들으며 상황을 알 수 있었다.
아버지는 처음부터 석철이를 키울 수 없다고 판단하신 것 같다. 그래서 입양기관에 입양 신청을 하셨다. 그런 뒤 입양기관에서 지시한 내용대로 입양을 진행했다.

젊은 부부처럼 위장된 직원 남녀가 석철이의 새 옷을 준비해 집에 찾아왔다. 직원들은 서울 새어머니에게 준비해 온 새 옷으로 갈아입히도록 했다. 그런 다음 아버지가 아이를 안고 대문 밖으로 나오도록 하고 대문 밖에서 친척에게 아기를 건네주듯 웃으며 여자분에게 아기를 넘겨주도록 지시하셨다.

지시대로 아버지와 새어머니 그리고 입양기관 직원은 친척처럼 친근하게 인사를 나누고 아이를 넘겨주며 헤어졌다는 내용을 자세히 들을 수 있었다. 석철이를 넘기는 과정에 돈을 주고받았는지는 잘 모르겠다.

 석철이는 이렇게 우리 가족 곁을 떠났다. 특별한 사연이나 감당할 수 없는 상황 때문에 이루어진 입양이 아니었다. 석철이 엄마를 버리고 새로 만난 서울 여자와 함께 살기에 방해되는 석철이를 버린 것이다.

나의 아버지가 저지른 일이다.

아버지란.
아버지 이름에 맞는 책임을 질 때, 아버지라 한다.
자식을 버린 아버지를 아버지라 부를 수가 없다.
참담하기 그지없다.

자기가 낳은 어린 자녀를 남편의 배신에 복수하듯이 버리고 간 네 번째 새어머니.
새 남편과 행복한 삶을 시작하려는데 방해가 되는 전처의 어린 자녀를 즉시 내다 버린 다섯 번째 새어머니.
아내를 배신하고 새 여자를 만나 자기 삶에 방해되는 어린 아들을 버린 비정한 아버지.
모두 잘못된 일을 저질렀다.

석철이가 입양을 갈 때, 그의 나이 두 살이었다.
정말 끔찍한 일이다.
석철이는 이렇게 우리 가족에게 버려졌다.

 석철이가 해외 입양으로 보내진 뒤 나는 그에 관한 생각을 하지 못했다. 그리고 이러한 일이 석철이와 그의 인생에 어떤 영향을 미칠지도 전혀 예상하지 못했다. 나의 불안을 해결하기도 힘겨운 나는 생존을 위해 하루하루를 지내며 살아왔다.
 석철이가 떠난 이후 아버지는 내가 삼십 대가 되기까지 한 번도 석철이에 대해 말을 꺼내지 않으셨다. 석철이뿐 아니라 석철이 엄마에 대해서도 말씀한 적이 없었다,
 다만 선미에게 "니 에미 년을 닮아서 그렇다"라는 저주를

퍼부을 때만 언급하였다.
 아버지는 서울에 살며 선미 엄마와 이혼 절차를 마쳤다.
석철이를 보내고 난 후 얼마 지나지 않아 아버지는 이혼 절차를 밟기 위해 선미 엄마를 마지막으로 만났다. 만나서 어떤 이야기를 주고받았는지는 두 분만 알고 있다.
다녀온 뒤 조금 이야기를 하셨지만, 기억이 나질 않는다.
부산에서 이혼 절차를 마치고 서울로 돌아온 아버지의 모습은 매우 밝았다.
시원한 모습이었다.
마치 골치 아픈 일을 끝낸 것처럼.
 그 당시에 선미 엄마가 간통죄로 아버지를 고소하지 않은 것은 그나마 아버지에게 다행스러운 일이었다.

 선미 엄마와 헤어지고 한참 뒤, 선미 엄마와 아버지의 결혼식 사진첩을 우연한 기회에 보았다. 선미 엄마의 얼굴이 다 잘려 나가 있었다. 누군가 가위로 일일이 오려낸 것이다. 많은 결혼사진에서 신부만 통째로 오려졌다.
 이 사진을 오려 낸 것은 누구일까?
나는 분명 아버지가 했다고 생각한다.
아버지는 자기가 실패한 것을 보고 싶지 않았다.
실패한 결과를 바라볼 힘도, 마음도 없다.

실패한 결혼식 사진을 자신 인생에서 오려 내어야만 살아갈 수 있었던 모양이다. 선미 엄마는 사진첩에서조차 제거되며 네 번째 가정은 이렇게 마무리되었다.
 아버지의 이 모습을 무엇으로 표현해야 할까?
정말 비통하고 애석한 일이다.
그래도 큰집에서 벗어난 것은 나에게 큰 고통에서 벗어난 것이었다. 그렇지만 큰집의 고통에서 벗어났어도 또 다른 고통이 나를 기다리고 있었다.
이것이 내 운명이다.

 다섯 번째 새어머니와 어색한 동거가 이루어졌다.
서울의 새어머니는 자녀가 둘이 있었다. 성인이 된 대학생 형과 고등학생 누나가 있었다. 형과 누나는 아버지를 보고 아저씨라 불렀다.
 새어머니네 형과 누나와는 꼭 필요한 이야기가 아니면 대화가 별로 없었다. 나이 차이가 있어서도 그렇지만 가족이라는 생각이 들지 않았다. 길에서 마주칠 때 아는 체를 하면 누나가 싫어했다. 누나 친구나 아는 사람이 있으면 일부러 모른 척하고 지나쳤다.
 가끔 새어머니네 친척이 오면 눈치가 많이 보였다. 새엄마네 가족들은 떠들썩하게 즐거운 분위기지만, 나에게는 눈길도 주지 않고 말을 걸지 않았다. 먹을 것을 사 올 때면 나는 일부러 자리를 피했다.

 선미는 어려서 방 한구석에 자리 잡고 있었지만, 내가 있기에는 그들에게 피해를 주는 것 같았다. 단칸방에 살 때라 작은 방에는 내가 있을 곳이 없어 주로 집 밖으로 나와 거리를 배회하며 다녔다.

 방학이면 동대문에서 거리가 먼 남산이나 남대문시장까지 걸었다. 주말에는 종로 바닥을 쏘다니며 신기한 볼거리를 찾아 시간을 보냈다. 그러다 저녁이 되면 집에 들어가야 하는데, 방으로 들어가는 게 싫었다.
그곳에는 내가 있을 곳이 아니었다.

 저녁노을이 지면 마음에 어두운 그림자가 드리우면서 돌아갈 집이 없는 외로움이 사무쳤다.
이 세상 어디에도 내가 있어야 할 곳이 없었다.
아버지 말대로 내가 왜 태어났는지, 원망스러웠다.
남의 도움 없이 스스로 살아가도록 빨리 어른이 되고 싶었다.

 동생은 서울에서 초등학교를 입학했다. 선미 엄마가 나를 입학 시켰듯이 선미도 새어머니가 초등학교에 입학시켰다. 나는 드디어 중학생이 되어 사춘기에 접어들었다.

아버지의 서울 생활은 삼 년을 넘기지 못했다.
서울에서는 전주처럼 술을 드시고 행패를 부리지는 못했다. 다른 집들이 다닥다닥 붙어 있어 방에서 하는 말소리가 밖에서 다 들리는 구조이다 보니 집에서는 다툼은 적었지만 주로 밖에서 다투신 모양이다.
 새어머니가 나에게 원망 섞인 이야기를 하셨다.
"석진이 니 아부지가 나를 산에 끌고 가서 죽이겠다고 얼마나 때리던지 정말 그날 죽는 줄 알았다!
내가 잘못도 없는데 싹싹 빌고 겨우 살아왔다.
술만 먹으면 사람이 아니라 괴물로 변한다.
느그 아부지라 참 좋겠다!"
 이 일이 있으신 후, 새어머니는 아버지에게 오만 정이 다 떨어졌다고 하셨다. 두 분 사이에 무엇이 문제였는지 정확히는 모르지만, 두 분의 삶의 모습은 큰 차이가 있었다.
 아버지의 폭력적인 모습도 있었지만, 새어머니는 자기 자식을 중심으로 사시려 하였고 아버지는 자기만 바라보며 사시길 바랬던 것 같다.
 얼마 후, 아버지는 함께 사는 다른 사람들 앞에서 새어머니에게 자식과 남편 중에서 한 가지를 선택하라고 말했다. 옆 사람들이 여러 말로 아버지 어머니를 달래고 화합시키려 하셨다. 하지만 아버지는 자신이 듣고 싶은 말 한마디를 들어야 했다. 자식을 버리고 나를 선택하겠다는 것이다.

　아버지는 자녀들을 서울에 놓아두고 나와 함께 전주로 내려가자고 여러 차례 새어머니를 설득했다. 다 큰 자녀를 언제까지 돌보겠느냐며 나와 함께 새 인생을 살자고 했다.

　때로는 위협도 했다.

뜻대로 되지 않자 삐지고, 토라져서 새어머니의 마음을 오랫동안 괴롭히고 있었다.

　전주에서 선미 엄마가 겪은 일을 반복하자고 졸라대고 있던 것이다. 그것은 새어머니의 두 자녀를 떼어내고 사랑을 독차지하려는 철부지 어린아이 생각이었다.

　아버지가 사랑을 구했던 여인은 아버지가 원하는 대답을 주지 않았다. 새어머니는 아버지보다 나이가 많고 인격이 더 성숙하신 분이었다. 아버지는 새어머니가 자녀를 쉽게 버릴 것으로 생각했지만, 그분은 평생 자기 자녀들에게 헌신적으로 살아오셨다.

　아버지는 새어머니의 이런 모습을 답답하게 여기며 자녀들 뒷바라지만 하다가 노년이 가난해질 것이라고 주장했다. 하지만 아버지의 미성숙하고 수준 낮은 인생론은 새어머니에게 통하지 않았다.

　나는 이것이 새어머니의 사랑을 독차지하고 싶은 아버지의 숨겨진 속셈이라 생각한다.

아버지는 덜 자란 아이 같았다.
오직 나만 사랑을 해달라는, 샘 많은 어린아이든지.
사랑에 굶주려 있으나 사랑을 어떻게 주고받는지 모르는 불안한 아이든지.
아버지는 집착했지만, 사랑을 얻는 데 실패했다.

 그리고 며칠 후,
아버지는 선미와 나를 남겨두고 또다시 훌쩍 떠났다.
아버지가 없는 집안 분위기는 싸늘했다. 새어머니는 별로 말이 없었다. 형과 누나도 자기 방에서 나오지 않고 조용했다. 몇 날이 지나, 새어머니는 일하러 간다며 집을 나가 들어오지 않았다. 새어머니는 아버지 없는 나를 차마 내어 쫓지는 못하고 스스로 집을 떠나신 것이다.
 아버지와 새어머니가 나와 선미를 버려둔 채 집을 나갔다. 이제는 익숙할 법도 한데 버려지는 것은 숙련이 되지 않는다. 새어머니의 아들과 딸은 옆방에서 그대로 살았으나 우리는 함께 밥을 먹지 않았다.
며칠 지나자 나와 선미는 먹을 것이 다 떨어지고 없었다. 하지만 형과 누나에게 먹을 것이 없다고 이야기할 수 없었다. 우리는 가족이 아니기에.
 나는 여기를 떠나야 한다는 것을 알고 있었다. 그렇지만 할 수 있는 게 아무것도 없었다. 나의 생존 방식은 이 불편한 상황을 느끼지 않는 것이다. 시간이 지날수록 밥을 굶는 끼니가 늘어갔다. 보다 못한 옆집 아주머니께서 나에게 말씀하셨다.
어린 선미는 자기 집에서 밥을 먹이겠다고.
불행 중 다행인 일이었다.
 이런 상황에 유일하게 도움을 받을 수 있는 곳은 교회였다. 아버지가 떠난 후, 추운 겨울에 교회 선생님이 연탄을 사주셨다. 그리고 적은 돈이지만 중학생인 나에게 쓰라며 쥐여준 돈으로 삼양라면 한 상자를 사서 옷장 안에 숨겨 놨다.
 라면 한 상자, 오십 개를 하루 한 개씩 먹을 때, 오십일을 살 수 있을 것 같아 마음이 부자가 된 기분이었다.
나는 다음 날부터 하루 중 언제 생라면을 먹을지 늘 고민했다. 미리 먹고 배가 고프면 먼저 먹은 것을 후회할 것 같았다. 라면을 먹을 때를 기다리는 것은 배고픔으로 느껴지지 않고 기대가 되었다.
 한 번은 교회 선생님이 나를 불러 가정 상황을 자세히 물어보셨다. 그런 후 교회 선생님과 어른들이 상의하신 것 같았다. 그 뒤 일요일이면 교회에서 먹을 것을 싸 왔다. 그 시절 교회에서 나누어준 음식은 내 생명의 연장이었다. 부모도 버리고 떠난 나에게 은혜를 베풀어주신 교회 선생님은 내 인생에 잊을 수 없는 소중한 분이셨다.
 긴 겨울.
나는 언제 돌아올지 모르는 아버지를 기다리며, 불씨 없는 차가운 방에서 하루에 생라면 한 개를 부숴 먹고 겨울을 지냈다. 옆방 사람들은 아버지, 어머니가 떠난 후 조용해졌다.
 예전과 달리 나와 마주칠 때도 아무 말을 하지 않았다.
아이들만 남아있는 상황에 도움을 주거나 어른으로 도덕적 책임을 지는 것이 어려웠던 것 같다.
부모에게 버려져 빈집에서 추운 겨울을 지내는 것이 나의 삶이다. 어린 나에게는 가혹한 삶이었다. 더 어린 시절 부산에서 혼자만 남겨진 채 괘종시계 소리만 들리는 캄캄한 밤을 보내던 경험의 반복이다.
 태어난 지 몇 개월 안 되었던 나를 버리고 떠난 어머니의 빈자리로 인해 홀로 방치된 아기 때 기억과 느낌이 나에게 있다.
아기도 엄마가 떠났다는 것을 알고 있다.
누가 나를 돌보는지 느낌을 느끼고 있다.
언제나 버려져 혼자되는 것이 내 운명이었나 보다.
나는 이 아픔을 느끼지 않기로 했다.

 다시 아버지가 찾아온 것은 이듬해 봄이었다.

집을 나간 새어머니도 그때 연락을 해서 다시 만나셨다.
이웃들이 나와 동생이 겪었던 어려움을 이야기하며 아버지에게 나무라듯 말씀하셨다.
"피가 섞였냐! 살이 섞였냐!
아이들만 버려두고 이게 할 짓이냐!
아이들이 뭔 죄냐!"
큰소리가 길게 이어진 것이 기억난다.
 아버지가 없을 때 나를 피했던 이웃 어른들도 그날은 모두 한마디씩 거들었다. 옆에 살며 굶고 있는 나를 보기 힘들었던 것이다.
 새어머니도 오랜만에 만났다.
오랜만에 만났지만, 새어머니는 나와 눈을 마주치지도 않았다. 어떤 말씀도 하지 않으셨다.
미안해서 일까?
표정 없는 얼굴에 다른 사람들의 비난에 난처한 모습이었다. 평소 새어머니의 바른 성품이 그날은 보이지 않았다. 새어머니의 자녀인 형과 누나도 소란스러운 집이 불편해 밖으로 나갔다.
 오랜만에 아버지가 돌아왔지만, 나는 몹시 불안했다.
아버지도 아이들을 방치한 게 부끄러운 듯 술을 드시면서 이야기하셨다. 아버지 어머니는 밖으로 나가 몇 시간 후에 다시 돌아오셨다. 두 분이 헤어지기로 이야기를 정리하신 것이다.
 다음날 우리는 다시 전주의 큰아버지 집으로 돌아갔다. 내가 서울집을 떠날 때, 새어머니와 그 가족들은 만날 수 없었다. 옆집 사람들도 보이지 않았다.
 내가 그 집에서 챙긴 것은 나의 책가방에 옷 몇 벌 넣은 것이 전부였다. 기차를 타고 내려가는 동안 아무런 생각이 나지 않았다. 기분은 침울했고 나의 미래는 막막했다.
깨어진 가정에서 떠나는 아이들의 모습이란,
희망 없는 시간에 묶여 끌려다니는 노예 같다.
내가 전주를 떠날 때, 기대했던 상상이 이렇게 비참한 모습으로 다시 제자리로 돌아가는 것은 아니었는데.
서울에서 이년 반 동안 나에게 더 많은 상처가 생겼다.
나는 왜 이렇게 힘들게 살아야 하나!

 아버지는 서울에서 만난 이 여자를 사랑했을까?
나는 사랑했다고 생각한다. 자신의 사랑을 위해 방해되는 어린 자녀까지 버리고서 얻고자 했던 정말 포기하고 싶지 않은 사랑.
 아버지가 자기 아들을 포기하고 이 여자를 사랑했듯이 이 여자도 자기 자녀를 포기하고 남편을 더 사랑해 주기를 바랬지만, 남편만을 위한 사랑을 얻지 못했다.
 그때까지 아버지는 자식을 사랑하는 것과 아내를 사랑하는 것에 대한 차이를 전혀 모르는 것 같았다. 여자를 사랑하는 것과 그 여자에게 어떻게 사랑을 얻는지도 모르고 있었다. 또한 사랑은 책임으로 서로에게 깊은 신뢰가 생기는 것을 전혀 알지 못했다.

'가족은 사랑으로 시작되고 책임으로 완성된다.'

아버지는 이 평범한 진리를 모르고 계셨다.
 무책임하고 집착적이고 폭력적인 사랑은 언제나 얼마 가지 못하고 여자들에게 버림받았다. 아버지는 사랑을 받지 못해 허기에 지친 모습으로 자신을 사랑해 줄 모정을 찾는 아이의 모습이었다.
 그 결과 실패와 좌절은 아버지의 몫이며 버려져 배고픔의 고통은 내가 감당해야 했다.

 나의 다섯 번째 새어머니는 어떤 사람일까?
아내가 있는 남자를 만나 이혼도 하지 않은 상태에서 새로운 가정을 꾸리고. 전처의 자녀까지 버리고, 자녀를 대학생으로까지 키운 새어머니는 이렇게 불륜적 사랑을 하는 것에 대한 바른 판단력이 없었을까?

 내가 서울에 살았던 이년 반 동안, 서울 새어머니는 서울에 오기 이전에 내가 어떻게 살아왔는지 묻지 않으셨다. 또 부인이 있는 남편을 빼앗아 사는 도덕적 문제에 대하여 전혀 말씀이 없으셨다.

 그 시절이나 지금이나 부부의 연을 맺는 것은 심사숙고하는 문제이다. 서울 어머니는 내가 만난 여러 계모 중에 바른 것을 가장 많이 가르치신 좋은 부모상을 가지신 분이었다.

 특히 교회 생활에 열정적으로 활동하셨고 언제나 신앙으로 살아가며 바른 모습을 보이시려 노력하셨다. 이분은 주변의 인간관계도 좋으셨다.

 이토록 좋은 성품과 사리 판단이 바르신 분이 아버지처럼 자기관리가 안되며 낮은 인격의 남자를 선택한 것이 이해가 안 된다.

남편을 사별하고 남자에 대한 그리움이 있었을까?

 전주에 내려와 아내와 아이들까지 보았음에도 아버지와 함께 산 것은 용납할 수 없다. 가정이 있는 남자와 이혼도 하지 않은 채 사는 것은 절대 안 되는 일이다.

이것은 분명히 잘못된 결정이었다.

 그렇다고 이분의 잘못을 비판하고 싶지 않다. 다만 인간이 신 앞에서 높은 수준의 신앙과 도덕을 지키려 하지만 삶에서 표현되는 부족한 모습을 가까이서 보았다.

그래서 신이 못 되고 인간인가 보다.

 이런 인간적인 모습에 나는 냉기 가득한 방에서 하루에 생라면 한 개를 깨 먹으며 긴긴 겨울을 났다.

그뿐 아니라 석철이 엄마는 남편을 잃고 자식도 잃었다.

미국으로 입양된 석철이는 가족을 잃고 인생을 잃었다.

 서울 새어머니는 이런 결과를 알기나 할까?

다른 한편으로는 서울 엄마에게 생애 첫 크리스마스 선물을 받았다. 또한 놀이동산을 데려가 준 유일한 엄마였다.

이런 양면성을 가진 인간을 판단하기란, 참 어렵다.

 부산 친정집으로 돌아간 선미 엄마는 어떻게 지냈을까?

아이 엄마로서 자기가 낳은 어린 자녀들을 보고 싶지 않았을까? 남편의 배신감과 친정 식구들의 훈수에 빠져 아이를 버렸을지라도 시간이 흐르며 감정이 차분해지고 성찰의 시간이 찾아오면 진짜 자기감정을 마주해야 한다.

 어린 선미와 갓난쟁이 석철이를 버렸으니 자녀들이 눈에 아른거리고 혼자된 자신이 겪었을 상실감과 정체감의 혼란이 컸을 것이다.

 부모가 되어보니 자녀를 버린 죄책감은 절대 사라지지 않는다. 남은 생애 스스로 자기를 단죄하는 삶을 살아갈 수밖에 없다.
참으로 고통스러운 삶이다.

 선미 엄마가 석철이를 떠넘기고 간 것을 생각해 보면 자신과 친정 식구들이 아버지에게 느낀 배신감과 분노, 복수심이 얼마나 컸을까, 짐작해 본다.

 아버지에 대한 배신감은 그 사람으로 인해 생긴 자녀들까지 보고 싶지 않은 강렬한 미움이다. 배우자의 폭력과 불륜으로 인해 자식까지 잃어버린 선미 엄마의 비참한 결혼생활이 이제 이해가 된다. 자식까지 버린 그분의 고통스러운 삶을 공감한다.

 이혼 이후, 자신의 삶을 다 잃어버린 쓸쓸함을 어떻게 견디셨을까?
사는 게 참 애처롭다.

 부부가 원수지간이 되면 자식새끼를 내다 버려 배우자에게 복수하는 것이 선미 엄마에게만 해당하는 것은 아니다.

 초등학교 때 아버지가 내게 친엄마에 대해 이야기하셨다. 엄마가 집을 나간 후, 전주 시내에서 우연히 엄마를 만나게 되었다. 아버지는 "석진이가 보고 싶지 않으냐"라며 집으로 돌아오라고 말했더니, 엄마가 하는 말이 "꿈에 볼까 무섭다"라는 독한 말을 내뱉고 분에 찬 모습으로 씩씩거리며 떠났다고 했다.
 어린 내가 꿈에 나타나면 그렇게 무서울까?
아마 그것은 나를 보면 연상되는 아버지 모습일 것이다.
 나의 엄마나 선미 엄마, 모두 아버지에 대한 배신과 미움으로 자녀들도 미움의 대상이 되었다. 미운 남편에게 복수하는 것이 자녀를 버리는 것이다.
하지만 아버지는 이 사실을 알지 못했다. 오히려 자녀들 때문에 자신의 사랑에 걸림돌이 되었다고 입버릇처럼 말씀하셨다.
아버지는 아직도 나 때문에 인생이 망쳤다고 생각하실까?
 아버지는 화가 나면 엄마 없는 나에게 소리쳤다.
"내가 너 이 새끼를 버리지 않아 밥이라도 처먹는 줄 알아! 나 없으면 깡통 들고 빌어 처먹을 텐데……."

 부산에 살던 일곱 살 때 일이다.
그날도 선미 엄마는 집에 없었다.
여름날 밤에 무슨 일인지 아버지는 화가 많이 나셨다.
선미 엄마가 집에 없는 것은 아마 다툼이 있었을 것이다.
아버지는 나에게 밥그릇 하나를 내어주며 소리를 치셨다.
"집을 나가! 나가서 빌어먹고 살아!"라고 윽박질렀다.
골목길을 내달리며 빌어먹으라고.

음산한 밤 일곱 살 어린아이는 내어 쫓겨 집 밖으로 나왔다. 그릇을 들고 캄캄한 논길을 따라 산모퉁이를 돌았다.
겁이 난 나는 아무 생각 없이 걸었다.
어느 곳으로 가야 할지 전혀 생각이 나지 않았다.
여름밤, 풀벌레 소리 가득한 캄캄한 산길을 따라 무작정 걸었다. 어두운 밤의 두려움보다 아버지가 무서워서 아무것도 마음에서 느껴지지 않았다.
아버지가 쫓아올까 봐 멀리 가야 한다는 생각만 했다.
한참 길을 가다 어린 나는 막막함이 느껴지며 산 아래 주저앉았다.
눈물도 나지 않았다.
아버지를 피해 계속 가야 했지만 어디로 가야 할지를 몰랐다.
막막했다.
정말 막막했다.
캄캄한 밤,
아무 생각이 나지 않았다.
내 삶은 왜 이렇게 힘들까?
그저 캄캄하고 막막하다.
그날 나는 모기가 들끓는 산 밑에서 빈 밥그릇을 들고 긴 시간 쪼그려 앉아 있었다.

도대체 무엇 때문에 어린 인생은 이렇게 살아야 하는지.
아버지에게 묻고 싶다.
 이런 아버지에게 살아온 나는 언제나 버려지는 존재이다.
버려짐은 내 깊숙이 자리 잡아 나의 정체성이 되었다.

난 쓸모가 없다.
밥 먹을 가치가 없기에 부모가 버렸다.
난 아버지 인생을 망친 자다.
나처럼 쓸데없는 인간은 버려져야 한다.
이렇게 가치 없는 인간이 살아가는 시간은 무의미하다.

 무의미하게 살아가는 모든 순간에 나는 느끼지 않으려고
했다. 내가 버려진 존재로 느껴지는 순간 짜릿하고 저리게
부끄러운 감정이 찾아온다. 이럴 때는 작은 탄식과 외마디
비명을 내며 몸을 움찔 움직여 부끄러운 감정을 빨리 회피
해야 했다.
 나는 버려진 것이 부끄러워 일생을 소멸하고 싶은 마음으
로 살아왔다.
그래서 빨리 늙고, 빨리 죽고 싶었다.
죽은 후에도 내 존재는 없어져야 한다.
영혼이 있어 내가 존재한다면 난 영원히 버려진 채, 존재해

야 하는 고통을 이어가야 한다.
살아있는 것이 지옥이다.
내 안에서는 여전히 넌 쓸데없어 버려진 인간이라고 외치는 소리가 있다. 참 벗어나기 어려운 나의 강한 자아다.

 나는 글을 쓰는 동안 성장하며 내게 어떤 일이 일어났는지 처음으로 바라보고 생각할 수 있었다.
그리고 삼 년 동안 내가 버려진 것을 받아들였다.
그리고 나의 버려진 아픔을 애도했다.
이제는 아버지와 나의 인생을 분리했다.
나의 인생을 살기로 했다.
난 아버지가 아니다.

 서울에서 시작된 새 삶은 이렇게 허망하게 끝났다.
석철이는 미국으로 입양을 갔다.
석철이 엄마는 친정집으로 돌아가 아버지와 이혼했다.
서울 엄마는 자식들에게 남아 자식들과 함께 살고 있다.
나와 선미는 아버지를 따라 전주 큰집으로 돌아왔다.
아버지의 인생은 여전히 실패를 반복하고 있다.
아버지의 인생은 전주에서 출발하여 시작되었다.
그리고 전주에서 네 번의 가정이 깨어졌다.

또 형제는 등지고 부모의 가슴은 무너졌다.

다시 타지에서 인생을 시작해 보았지만 역시 실패해 전주로 돌아오셨다. 이런 반복을 되풀이하고도 아버지는 서울 새어머니와 전주로 오고 싶어 했다.
이것은 아버지의 선택인가?
아버지에게 정해진 운명인가?

 아버지는 살아오며 한 번도 실수를 인정하지 않았다.
오로지 실수의 탓을 할 사람을 찾았다.
잘못한 자기를 바라볼 수가 없었다.
부끄럽고.
또 부끄럽고.
너무도 부끄러워.
잘못된 일을 성찰할 수 없었다.
아버지는
부끄러운 자기를 마주하고
실패를 거듭하는 자기 삶은 돌아보아야 했다.

 우리 가족은 다시 전주로 돌아왔으나 이전의 가족 구성과 달라졌다. 석철이와 석철이 엄마의 모습이 우리 가족에서 완전히 사라졌다. 석철이는 사라졌지만, 우리 가족은 석철이의 빈자리를 느끼지 못하고 있다.

 우리에게 석철이의 존재란, 귀찮은 애물단지가 없어진 것뿐이다. 이후로도 오랫동안 부산에 사는 석철이 엄마는 석철이가 미국으로 입양 간 것을 모르고 있었을 것 같다.

4

동생을 잃어버린 30년

가족을 잃은 것은
나를 잃어버린 시간이었다.

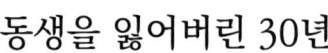

동생을 잃어버린 30년

 이년 반, 서울 생활을 마치고, 다시 전주로 내려와서 살게 되었지만 몇 가지 달라진 점이 있었다. 예전처럼 큰집에서 함께 생활하는 것이 아니라 세를 내어주는 아래채 한 칸에서 따로 살게 되었다. 예전처럼 한집에서 같이 살며 눈치를 보지 않아도 되어 무척 좋았다.
 전주에서는 모든 것을 새로 준비해야 했다.
살림이 갖추어진 남의 집에 살던 때와 달리 덩그러니 비어 있는 빈방에는 세간살이가 많이 필요했다. 우리가 가진 살림살이라고는, 고작 서울에서 가져온 옷 몇 벌을 라면상자에 담아 놓은 것이 전부였다.

그래도 이곳에는 할머니가 계신 것이 좋았다.
할머니와 함께 살면 밥을 굶는 일은 없을 테니까.
 이곳에서 내게 가장 달라진 것은 내가 중학교 이학년의 나이로 성장했다는 것이다. 이제는 다른 사람의 돌봄이 없이 스스로 살아갈 시기가 다가오는 것은 나에게 가장 큰 희망이었다. 이곳에서 나는 격동하는 사춘기를 달리고 있었다. 또한 사랑받지 못한 상처로 인해 사람에 대한 불신이 가득했다.
 큰아버지 집에서는 다시 돌아온 동생네 가족을 매우 싫어하셨다. 큰아버지가 세를 놓던 집에 동생이 들어와 사니 돈을 받기도 어렵고 조카들도 살펴야 하니 싫어하는 것이 당연했다. 우리를 돌보러 오신 할머니도 큰어머니와 말씀을 하지 않으셨다. 할머니도 큰집에서 함께 사는 것이 불편하셨던 것 같다.
 대도시에서 목수 일을 하시던 아버지는 시골 생활의 변변찮은 일거리를 늘 못마땅하게 말씀하셨다. 여전히 술을 좋아하시지만, 여러 차례 겪은 실패한 경험들 때문인지 예전보다는 폭력성이 줄어들긴 했다.
 술을 마시고 들어오는 날이면 늙은 어머니의 고생이 안쓰러웠는지 방문 옆벽에 몸을 비스듬히 기댄 채, 할머니에게 연신 죄송하다고 말했다.

"어무니, 죄송합니다!
어무니, 죄송합니다!"
 남루한 작업복에 헝클어진 머리, 술김에 혀 꼬부라진 아버지의 죄송하다는 말에 할머니는 속이 상한 듯 "얼른 들어와 자라."라고 종용하셨다.
 내가 컸다고 생각하셨는지, 할머니는 내 앞에서 인생 푸념을 많이 하셨다. 나를 돌보러 오실 때면 속이 상한 듯, 교회 다니시며 끊었던 담배를 치마 속주머니에서 꺼내 피시며 "사는 것이 서럽다."라며 눈물 바람을 하실 때가 종종 있었다.
 할머니는 새벽 네 시가 되면 잠에서 깨어 아버지 이름을 부르며 기도하셨다.
아버지가 잘되도록.
아버지가 술을 끊도록.
아버지가 정신 차리도록.
아버지가 좋은 아내와 행복한 가정을 꾸리도록.
 할머니가 아버지를 향한 이 바람은, 아버지도 같은 바람이었다. 나도 할머니처럼 아버지에게 같은 바람이다.
신도 아버지를 향한 같은 바람이었을 것이다.
 모두가 같은 바람을 가지고 있었지만, 깨어진 가정에서 엄마 없이 버려진 손자를 돌보는 할머니의 상황은 여전히 변하지 않고 있다.
 할머니, 아버지 그리고 나.
삼대가 각자의 몫으로 배정된 인생 고통을 나누고 있다.
신은 어느 정도 고통의 몫을 담당하고 있을까?
아버지를 빨리 데려갔으면 하는 내 마음은 여전하다.

 이곳에 다시 돌아온 뒤, 아버지는 일이 잘 안 풀릴 때마다 술을 마시고 큰아버지, 큰어머니와 자주 다투었다. 자기가 맡겨둔 돈을 돌려 달라고, 예전과 똑같은 상황이 여전히 반복되었다. 큰집 가족들은 나에게도 아버지 흉을 보고 그런 아버지를 둬서 좋겠다고 비난했다.
 아버지는 서울에서 함께 세 들어 살던 사람들에게 자기 이야기를 늘어놓았듯이 이곳에서도 함께 세 들어 사는 아랫방 사람들에게 형과 형수를 도둑놈, 도둑년이라고 욕을 했다.
 이런 불편한 관계가 이어질수록 두 아들 사이에 끼인 할머니의 담배 연기는 더욱 자욱해졌다.
 전주에 돌아오니 아버지에게 실패한 인생을 탓할 여지가 주어졌다. 지금 아버지의 눈에는 자신이 보낸 돈을 모아두지 않은 형과 형수가 자기 인생에 실패의 원인이다.
 아버지와 큰집의 불화는 해결될 것 같지 않았다.
아버지의 인생에 대박이 나기 전까지는.

왜 이곳으로 돌아왔는지 나는 이해할 수 없었다.
 전주에 온 지 얼마 안 되어 아버지는 새로운 여성분을 소개받았다. 볼살이 통통하고 입이 조금 튀어나온 파마머리 아줌마였다. 아버지는 곧 이분과 집에서 그리 멀지 않은 곳으로 나가 사셨다.

 나의 여섯 번째 새어머니를 만난 것이다.
가끔 아버지는 새어머니와 먹을 것을 사서 오시곤 했다.
새어머니에게는 나보다 한 살 많은 딸이 있었다. 작은 키에 통통한 외모를 가진 딸은 다른 지역에 살고 있었는데, 명절이 되면 엄마를 찾아왔다.
 단칸방에 살던 그 시절 아버지 어머니는 나가시고 누나와 이야기할 기회가 생겼다. 재혼한 엄마의 딸과 재혼한 아빠의 아들이 만나면 무슨 이야기를 할 수 있을까?
어색한 만남이었지만. 그 누나의 사교적인 성격 때문인지, 동병상련의 아픔 때문인지, 우리는 많은 대화를 했다.
서울 엄마의 딸과는 전혀 다른 만남이었다.
 사춘기의 격동 속에서 이혼 가정의 버려진 자식들이 서로에게 공감받는 것은 매우 가슴 벅찬 자극이었다.
밤이 깊어져 갈수록 대화는 길어졌다.
그날 우리는 밤을 새워 이야기했다.

이어지는 학교 이야기, 친구 이야기, 자기의 삶 이야기는 대체로 유치했고 솔직하지 못했다.
사춘기 아이들의 포장된 이야기들이었다.
 그 속에서도 진실한 이야기가 기억난다.
그는 사랑이 많고 인자한 아빠를 만나고 싶어 했다.
나도 사랑이 많고 친절한 엄마를 만나고 싶었다.
우리는 둘 다 자기 소원을 이루지 못했다.
함께 이야기하는 중에 그것은 우리의 희망 사항이라는 것에 공감했다. 풋풋하고 유치했던 대화가 기억에 남은 것은 무엇일까? 아마 공감적인 사람이 그리웠나 보다.
 새엄마의 자녀들과 이렇게 대화를 한 것은 그날이 처음이자 마지막이었다. 사랑이 지독하게 메마른 사막에서 만나 한 모금의 생명수를 나누어 마신 사람으로 기억된다.
 이혼한 가정의 자녀들이 만나 가족이 될 수 있을까? 큰 주제이지만, 경험에 비추어 보면 인간관계에 달려 있다고 생각한다. 친형제라도 원수지간이 될 수 있고 이웃도 사촌이 될 수 있는 것처럼.

 여섯 번째 새어머니와 아버지의 동거는 일 년이 못 되어 끝났다. 나에게는 그 누나를 더는 만날 수 없다는 것이 아쉬운 일이었다.

아버지의 성격을 맞추며 살 사람은 이 세상에는 없을 것 같다. 전주로 돌아와 시작된 새 삶은 이렇게 허무하게 끝났다. 아버지는 새어머니와 헤어진 이후 집으로 들어오셨지만, 일자리를 찾으러 나가 집에 안 계실 때가 많았다. 술을 드시고 집에 계시는 날에는 꼭 누군가에게 화풀이해야 했다. 자신이 배우자를 선택했지만 헤어지고 난 후, 불쾌한 감정 풀이는 내가 감당해야 했다. 다툼으로 깨어진 가정의 후유증도 내 몫이었다.

내가 중학생이 된 후, 아버지의 이런 모습에 솟구치는 분노를 조절하기 어려웠다. 아버지의 거친 욕설과 위협에 맞서 죽여 버리고 싶었다.

집으로 들어온 아버지에게 할머니는 왜 헤어지게 되었는지 전혀 묻지 않으셨다. 아들에게 자초지종을 묻고 할머니의 이야기를 나눌 법도 한데, 아버지의 망가진 삶을 받아들이기만 할 뿐 망가지지 않고 살아가는 법에 관해 말씀하지 않으셨다. 아버지가 객지로 나갈 때도, 새로운 여성분과 교제를 할 때도, 헤어지고 전주로 돌아올 때도 할머니는 어떻게 된 영문인지 묻지 않으셨다.

아마 묻게 된다면 다툼으로 이어지게 될 수도 있어 일부러 피하셨을 수도 있다. 할머니의 이런 모습은 손자들에게도 마찬가지셨다.

　전주에 내려와서 할머니와 같이 살며 할머니는 한 번도 석철이의 입양에 대해 말씀이 없으셨다. 어쩌면 할머니는 돌아가실 때까지 석철이가 엄마와 함께 살고 있다고 생각하셨을 수도 있다.

　선미 엄마에 관해서도 언급이 없으셨다. 또한 선미에게 "엄마가 보고 싶지 않으냐?"라고 일상적인 이야기도 하지 않으셨으며 나에게 역시 엄마가 보고 싶지 않은지 묻지 않으셨다.

　또 우리에게 서울에서는 어떻게 살았는지도 묻지 않으셨다. 할머니의 이러한 삶의 모습은 잘못된 문제를 모두 덮어 놓고 살아가고만 있다. 할머니도 아버지처럼 이미 잘못된 일을 다시 알고 싶지 않으셨던 것일까?

　알고 나면 속상하니 묻지 않으셨을까?
왜 잘못된 일을 바로잡으려 하지 않으셨는지, 할머니 속을 잘 모르겠다. 할머니는 아버지에게 바른 가르침을 주어야 했다. 내가 조금 크니 아버지와 할머니의 관계에 무슨 문제가 있는지 살펴보게 되었다.

밖으로 나가 돈벌이를 하시던 아버지는 돈벌이가 잘 안되시는지 할머니에게 생활비를 주지 않았고 할머니는 돈을 좀 벌어야 하지 않을까, 말씀하셨다.

나는 고민이 많아졌다. 이대로는 더 학교에 다닐 수 없을 것이라는 생각이 들었다. 이미 학교에서 납부금을 내지 못해 늘 불려 다니고 있던 터라 더는 이렇게 살아갈 수 없다는 고민을 하고 있었다.

 그해 가을 어느 날 저녁, 아버지가 술에 취해 파출소에 있다는 연락을 받고 할머니가 나가셨다. 그날 저녁에 나가시는 할머니 모습이 내가 본 마지막 모습이었다. 아버지를 만나고 돌아오시는 길에 할머니는 쓰러지셨다.
 아버지가 있는 파출소에 가서 일을 해결하고 돌아오는 길에 버스에서 내려 동네 어귀를 걸어오시다 쓰러지신 것이다. 동네 아는 분이 할머니를 발견하고 연락이 와서 내가 업고 집으로 왔다.
 큰어머니가 나를 보며 쏘아붙였다.
"석진아! 가서 택시 불러와라."
그러시더니 우리 방으로 와서 할머니 소지품을 주섬주섬 챙기셨다. 큰아버지는 할머니를 택시에 태워 병원으로 가셨다.
다음날 할머니가 돌아가셨다고 연락이 왔다.
어제 내가 업고 온 그 모습대로 깨어나지 못하셨다.
충격으로 인한 뇌졸중이었다.

할머니는 그렇게 한 많은 인생의 마지막 길을 떠나셨다.
병원에 집안 어른들이 모여 할머니 이름을 불러보았지만 작게 코를 골며 깊은 잠에 빠지신 모습이셨다고 했다.
할머니는 "내가 죽을 때 잠자듯이 가게 해 달라고" 새벽마다 기도하셨다.
할머니 생전 기도는 떠나시며 이루어졌다.
 침울한 기분이지만 할머니가 죽었다는 느낌이 들지는 않았다.
나의 생존 방식이 다시 작동했다.
아무것도 느끼지 않기로 한다.
할머니의 죽음이 느껴지지 않는다.
난 슬프지 않다.
나는 지금 행복을 주는 어딘가에 머물러있다.
내 인생은 언제나 버려짐의 연속이었다.
할머니에게조차 버림받을 수는 없다.
'난 괜찮다.
난 괜찮아!
할머니에 관한 모든 생각을 멈추었다.
가장 믿었던 할머니조차 나를 버리고 훌쩍 떠나셨다.

 새어머니가 집을 떠난 이후 찾아오는 미래의 불안함과

어떻게 해야 할지 모르는 막막함이 찾아왔다.
보호자가 떠난 후, 남겨진 아이들의 절망.
이것도 내 운명의 시간에 한 과정을 지날 뿐이다.
난 어떤 감정도 느끼지 않기로 했다.
내 존재가 없었더라면…….
 내가 나를 느끼는데, 상황을 느끼지 않는 것은 무의미한 생존을 연장하는 것뿐이다.
순식간에 내가 사라지고 싶다.
내가 나를 느끼지 않도록 증발하고 싶다.
아무것도 느껴지지 않는 내가 없는 곳으로 가고 싶다.
이 무의미를 끝내고 싶다.

 큰집에서 할머니 장례식을 치렀다.
일가친척들이 많이 오셨다.
오랜만에 사촌 형들과 누나들을 만나서 좋았다.
입관하는데 아버지도 많이 울고 큰어머니도 많이 우셨다.
이날만큼은 아버지도 형과 형수를 다르게 대하셨다.
할머니를 잃은 동생 선미도 많이 울었다.
 묘지에 도착해 할머니의 관을 묘지로 내리는 모습에.
큰어머니가 오열하셨다.
"어머니 죄송합니다.

어머니 죄송합니다."
 불과 사흘 전, 할머니에게 찬바람을 일으키며 불 친절하던 모습과는 전혀 다른 모습이었다.
삼일장을 치르며 발인을 하고 묘지에서 돌아오는 날.
아버지는 많이 울었다.
 할머니 장례를 치르는 동안 나는 눈물이 나지 않았다.
나는 슬픔이 잘 느껴지지도 않았다.
내가 스스로 느끼지 않으려 나를 조절하고 있으니 그냥 행사를 치르는 과정에 함께 있을 뿐이다.
장례를 마치고 친척들이 집으로 돌아가기 전 이런저런 이야기를 나누는데, 아버지가 친척들 앞에서 울지 않던 나에게 소리를 쳤다.
"이 인정머리 없는 새끼야!
할머니 돌아가셨는데 눈물도 안 나오냐?
너. 이 새끼 밥해주다 돌아가셨는데!
에라이 개새끼!"
사촌들이 아버지를 말렸다, 그러지 말라고.
 아버지는 할머니가 돌아가신 탓을 누군가에게 돌려야만 했다. 아버지가 보기에는 할머니가 돌아가신 것은 나 때문이다. 남을 탓하는 아버지의 생존 기제는 어김없이 작동했다.
 나는 울분이 끓어올랐다.

그날 밤 할머니가 누구 때문에 파출소를 가셨는지, 아버지 멱살을 잡고 따지고 싶었다.
언제까지 이 무시와 억울함을 당해야 하는 건지.
내 안에 가득 찬 울분이 언젠가는 폭발할 것이다.
 사촌 누나가 나를 데리고 나가 나독여 주었다.
"할머니 없이 네가 어떻게 살아가야 할지,
참. 걱정이다! 석진아. 힘을 내라!"
그제야 나는 할머니가 없이 살아가야 한다는 생각이 들었다. '내 인생에 유일하게 내 편이시던 할머니 없이 살아가야 하는구나!'

 솔직히 할머니의 죽음은 호상이다.
당신을 위해 더 빨리 가셨어야 했다.
그래야 어린 나를 바라보는 아픔이 덜하셨을 것이다.
이번 생애에서 할머니와 나는 악연이다.
서로에게 아픔만 주는, 다음 생에는 이런 역할로 만나지 말아야 한다. 지금에 와서 할머니를 바라보면 참 아쉬운 점이 많다. 어려서 나는 할머니의 푸념을 많이 들었다.
 할머니는 자신의 안타까움을 손자들에게 표현하시되 손자들의 아픔은 묻지 않으셨다. 이해할 수가 없다.
 내가 할아버지가 되어보니 할머니의 이런 모습이 더욱 이해되지 않는다. 나는 엄마 없는 손자에게는 엄마 이야기를 해주며 손자의 아픔을 함께 나누며 공감하고 싶다.
엄마를 모르는 손자에게는 너의 엄마가 얼마나 좋은 사람이었는지 많이 이야기해 주고 싶다.
 선미 엄마와 나의 엄마 이야기를 할머니는 많이 알고 계셨으나 돌아가시기까지 단 한마디, 말씀 없이 떠나셨다.
'정말 아쉽다!
정말 정말 아쉽다!
 나에게 속 시원하게 털어놓고 가셨으면 좋았을 텐데!
석진이 너의 엄마는 이런 좋은 사람이었다고.
손자의 아픔을 헤아리기 위해 거짓말이라도 지어서 이야기해 주셨더라면…….
 할머니는 나의 인생 이야기를 가장 많이 알고 계신 분이셨지만 진실을 알려주는 자기책임을 다하지 않고 떠나셨다.
이제는 내 출생 이야기를 해줄 사람이 없다.

 내가 돌아온 석철이에게 출생의 비밀을 알려주고 싶었던 가장 큰 이유는 나의 답답함이었다. 누구도 나에게 엄마의 이야기를 해주지 않는 답답함 때문에 석철이에게는 자신이 태어난 상황을 자세히 이야기해 주고 함께 했던 사람들이 어떤 사람들이었는지 알려주고 싶었다.

그의 이름을 누가 지었고 어떤 의미를 부여했는지 알려주는 것이 그 존재를 존중하는 것이다. 석철이도 부모님이 사랑했다는 말을 전해 듣는다면, 자기가 사랑받는 존재라는 것을 알게 될 것이다.

내가 부모로부터 사랑받는 존재라는 것을 알 때, 자신이 받은 사랑을 다른 사람에게 나눌 줄 아는 행복하고 의미 있는 삶이 될 것이다. 할머니도 내 어머니가 보여준 사랑의 모습을 나에게 알려주고 가셨더라면 좋았을 텐데…….
가슴에 답답함과 울분이 올라온다.
할머니는 왜, 말씀하지 않고 마음속 깊은 곳에 꼭꼭 숨겨두시고 가셨을까? 그래서 나는 여전히 할머니에 대한 감정이 잘 정리되지 않는다.
할머니가 마냥 좋았던 어린아이 적 마음과.
할아버지가 된 지금 나의 마음 사이에서 혼란스럽다.
 할머니는 떠나셨지만, 할머니와 나 사이에 해결되지 않은 문제의 질문은 나이가 들어갈수록 더 늘어난다.

 장례를 마친 후 며칠 뒤, 아버지가 이웃들에게 하는 이야기를 들었다.
"나는 울 어무니가 곧 돌아가실 극 노인으로 생각하지 못했어요. 젊게만 생각했는데. 이렇게 갑자기 돌아가셔서 믿기지가 않아요."

할머니는 칠십육 세에 돌아가셨다.
일제 강점기에 태어나서 머리에 쪽을 찌시고 비녀를 꽂으신 옛날 분인데, 아버지 눈에는 어릴 적 막둥이를 돌보시던 어머니로 멈춰 있었던 것 같다. 아버지는 할머니 앞에서 아직 성장하지 못한 어린아이였던 것이 틀림없다. 할머니도 어린 막둥이로 멈추어진 아버지의 잘못된 삶을 계속 받아주고 계셨던 것은 아닌지.
씁쓸하다!

할머니는 먼 길을 떠나셨지만, 나의 일상은 계속 이어졌다. 장례를 마치고 나서부터 매일 밥을 해야 하는 새로운 일이 생겼다. 초등학교 삼학년인 선미는 이미 일곱 살 때부터 밥을 했지만, 이제는 밥 지을 일이 더 많아졌다.
할머니의 빈자리는 빠르게 잊혀갔다.
나에게 가족이란, 언제나 변화무쌍하다.

근처에 나가 살던 아버지는 얼마 뒤 집으로 들어오셨다. 함께 살던 여성분이 집에 있던 얼마 안 되는 돈을 가지고 도망을 갔다고 했다. 아버지의 일상에는 남들이 겪지 않는 사건투성이다. 아버지는 늘 했던 것처럼 술을 마시며 주변 사람들에게 도둑년이라고 욕을 퍼부었다.

아랫방 사람들은 그런 아버지를 보며 떠난 새어머니 욕을 하였다. 그러면서 석진 아버지가 힘내고 살라고, 더 좋은 여성을 만날 것이라고 위로했다.
 아버지는 일주일간 분을 삭이지 못하고 욕을 하셨다.
"내 돈을 가져간 도둑년아!"
저녁마다 술을 마시고 혼자서 욕을 퍼부었고 아침에 일어나 물을 벌컥벌컥 마시고 난 후, 첫 마디가 돈을 가지고 도망간 새어머니에게 욕설을 했다.
아버지가 씩씩거리며 지내는 일주일이 참 불편했다.
이웃들도 일주일간 아버지 욕을 들어야만 했다.
 지금까지 아버지는 가정이 깨어질 때 집을 떠나셨지만, 이번에는 집으로 들어오셔서 화풀이하는 바람에 내가 많이 힘들었다. 난 아버지가 미치지 않고서야 이렇게 할 수 없다고 생각했다.
 아버지와 새어머니 사이에 어떤 일이 있었는지 정확히는 알 수 없다. 그렇지만 그 여성분도 아버지의 폭력적인 성격과 술 드신 후 주사를 견디기 힘들었을 것이다.
 그런 다툼 끝에 아버지에게 복수하는 것이 돈을 들고 나가는 것이었을 걸로 생각한다. 그분은 아버지와 팔 개월 정도 함께 사셨지만 나에게 엄마로서는 가장 기억이 남지 않는다.

아버지가 만난 여성분들은 거의 지인을 통해 연결되어 소개받은 분들이다. 아버지를 아는 지인들이 잘살아 보라며 소개한 결과가 이렇게 참담하게 마치게 될 때,
얼마나 미안한지.
헤어지고 나면 아버지 혼자만의 불편함이 아니었다.
서로 소개한 사람들까지 불편하게 되었다.
 아버지는 고향에서 평판이 나빠지고 좋은 사람들과 관계는 단절되었다. 아버지는 이런 체면을 별로 중요하게 여기지 않으셨다.

 아버지가 집으로 들어오신 후.
어느 날, 사주풀이 책을 사 오셨다. 한동안 집에 굴러다니던 이 책의 주 독자는 아버지였다. 생년월일을 맞추고 미래에, 인생에, 어떤 일이 일어날지. 한동안 심취해 탐독하셨다.
 반복된 실패를 벗어나기 위해 아버지도 나름 노력을 하셨던 것 같다. 자신의 운명을 알아내고 바꾸어 보려는 아버지의 마음은 삶이 얼마나 힘들었는지, 측은하기도 하다.
 그러나 자신의 사주를 알고도 실패를 비켜 가지는 못했다. 여전히 실패를 경험하는 것을 볼 때, 책이 아버지 인생에 잘 맞지 않았나 보다.
 인생은 어느 지역에 사는가에 따라 달라지지 않고 자신이

어떤 선택을 하느냐에 따라 달라지는 것을 나는 아버지를 통해 배웠다. 아버지가 전주에서 실패하면 부산에서도 실패할 가능성이 크다.
 아버지는 그 시절 대학까지 나오셨지만, 인생이 잘 풀리지 않았다. 일이 뜻대로 풀리지 않을 때마다 자기감정을 다스리지 못했고 번번이 사건을 일으켰다. 그리고 그 원인을 항상 남들에게 돌려 남 탓을 했다. 술을 드시고는 자기 인생 한탄과 팔자타령을 자주 하셨다. 아버지는 잘살고 싶은 욕망이 매우 강한 사람이지만, 어떻게 해야 잘 살 수 있는지 전혀 몰랐다.
 아버지가 역술 책으로 자신의 미래가 어떻게 될지 찾아보기보다 가족이나 부부 사랑, 자녀 양육, 대화법, 감정표현에 관한 책을 보았더라면 더 도움이 되었을 것이다.

 나는 중학교 삼학년 초에 학교를 자퇴했다.
할머니는 돌아가셨고 아버지는 객지로 일하러 나가시고, 나의 삶에 관심을 두거나 돌볼 사람은 없었다. 아버지는 내가 학교에 다니는 것을 어떻게 생각하시는 것인지 궁금하다.
 학교에 가면 납부금 독촉이 심해졌다. 매일 아침, 반 친구들 앞에서 읊어 대는 납부금 이야기에 나는 너무 부끄러워 학교를 떠나고 싶었다. 삼학년 전체에서 납부금을 안 낸 두 명 중 한 명이 나였다.

 학교를 떠나는 일은 고민보다 용기가 필요한 일이었다. 궁지에 몰린 어느 날, 나는 학교를 자퇴했다. 선생님은 어떤 말도 하지 않고 서류 처리를 하셨다. 나는 말없이 인사를 하고 집으로 왔다.

 부끄럽게 다니는 학교를 그만두고 나니 정말 마음이 편했다. 해결할 수 없는 고통에서 벗어나는 해방감을 느꼈다. 다음 날 아침에 떠오르는 해가 달라 보이고 새 인생이 열리는 기분이었다. 지금 생각해 보면 좀 더 일찍 학교를 떠나야 했는데, 그때는 학교를 그만둔다는 것이 쉬운 결정이 아니었다.

내 이야기를 의논할 사람이 없었기에…….

하지만 행복은 정말 단순한 결정으로 이루어졌다.

 내가 학교에 가지 않아도 옆에 사는 큰어머니는 아무런 말씀이 없었다. 우리는 서로에게 관심을 주지 않고 살았다.

 십육 년 인생에 참 많은 일을 겪었다.

 아버지와 선미 그리고 나.

셋이 살아가는 시간은 길지 않았다.

아버지가 아이 둘 딸린 여성분과 결혼을 하신 것이다.

 그분에게는 아이들이 일곱 살, 아홉 살 남매가 있었으며 전주 시내에서 가게를 하고 계셨다. 인상이 참 좋아 보였다. 처음 집에 오던 날, 다른 새어머니들과 달리 상냥하고 부드러운 표정으로 말을 거셨다. 지독한 애정결핍인 나에게 따뜻한 모성은 솜사탕처럼 부드럽게 다가왔다. 집에 오셔서 나에게 이것저것 살아가는 이야기를 물어보셨다. 나에 관해 물어본 것은 매우 이례적이었다. 아무도 나에 관한 질문이나 관심을 둔 적이 없었는데.
여태 이런 분은 처음이었다.

 얼마 지나지 않아 아버지와 새어머니는 결혼식을 올리셨다. 아버지는 이발소에 가서 머리를 하시고 평소에 가장 아끼시던 양복을 입으셨다.
새신랑처럼 멋진 모습으로 차려입으셨다.

 아버지는 평소에도 꾸미기를 좋아하셨는데, 이날은 가슴에 흉화를 꽂고 흰 장갑을 끼고 갈색 새 구두를 반짝이며 신랑 입장을 하셨다.
신부인 새어머니는 초록색 저고리 한복을 입으셨다.
아버지는 선미 엄마 이후 처음 결혼식을 하신 것이다.

 결혼식은 좋은 분위기와 지인들의 축하를 받는 가운데 조촐하게 이루어졌다. 내가 아버지 결혼식에 참석한 것은 이때가 처음이었다.
결혼식을 마치고 아버지는 신혼여행을 떠나셨다.

일곱 번째 새어머니는 아이들과 함께 가게에 딸린 방에서 사셨는데, 아버지는 결혼식 후에도 우리 집과 새어머니 가게를 왕래하셨다. 아직 신혼 방을 준비하시지 못하신 것 같았다.
 아줌마의 두 아이는 아버지에게 아빠라 부르며 어리광이 심했다. 아직 어렸던 아이들은 아버지를 올라타고 매달렸는데, 아버지도 평소 우리에게 했던 것과 달리 애정 넘치는 아빠처럼 아이들의 장난을 받아주셨다.
나는 아버지의 이런 다정한 모습을 처음 보았다.
 선미는 그 아이들을 질투했을지 모르지만, 나는 아버지 본래의 폭력적 성격이 머지않아 곧 나올 것이라고, 생각하고 조심했다.
 나는 그분에게 엄마라고 부르지 않았다. 이제 그런 말을 하기에 이제는 내가 많이 커버린 것 같았다.

 아버지의 일곱 번째 아내의 결혼식에 참석하고 얼마 지나지 않아 나는 집을 떠났다. 서울로 일자리를 찾아 떠나게 된 것이다. 내가 떠나기 전, 아버지에게 서울로 간다고 했을 때 아무런 말씀을 하지 않으셨다.
마치 아무 말 없이 훌쩍 떠나는 아버지처럼.
 아버지는 언제나 "니 인생은 니가 살아!"라고 말씀하셨는데, 간섭받지 않는 좋은 점도 있었다.
내가 드디어 아버지를 떠나 독립을 이루게 되었다.
나는 전주를 스스로 떠났다. 어린 내 인생에 이때만을 기다리며 살았다. 나는 전주에서 자라는 동안, 다음 생애까지 들어야 할 욕설을 다 들었다. 맞고, 내쫓기고, 부끄러움 당하고, 힘들었던 기억은 잊히지 않는다. 어린 내 가슴에 사무친 이야기들은 글로 표현하지 못했다.
 다시는 전주로 돌아오고 싶지 않았다.
,
,
 석철이가 떠나고.
나도 떠나고, 아버지를 실패하게 한 자식들이 떠난 것이다.
내가 떠난 후, 아버지도 새로운 삶에 대한 희망이 있었겠지만 나도 서울 생활을 하는 기대가 컸다.
 봄에 서울로 올라온 후, 그해 여름 아버지의 소식을 들을 수 있었다. 일곱 번째 여성분과 헤어졌다고 했다. 내 예상대로 아버지의 폭력적인 성격은 얼마 지나지 않고 나타났다. 술을 드시고 평소 쌓인 불만에 주먹을 휘둘렀다.
머리채를 잡고 휘두른 주먹에 새어머니는 죽음을 경험했다고 나중에 전해 들었다. 아이들과 단란하게 살던 이 여성분에게 아버지의 폭력은 끔찍한 경험이었을 것이다.

이분과 결혼식을 할 때, 주변에 지인들이 찾아와 축하해 주셨다. 그리고 몇 개월이 채 안 되어 헤어지게 되자, 고향에서는 아버지의 체면과 신뢰를 다 잃게 되었다.

아버지를 소개한 그분들에게 내가 다 미안할 정도였다.

아버지에게 체면은 늘 감정보다 후 순위였다.

미성숙한 아이들처럼.

또다시 실패를 경험한 아버지는 술에 의지해 시간을 보내셨다. 그리고 형과 형수에게 실패의 감정을 터트리셨다. 반복적으로 꼬이고 뒤틀린 인생의 원인을 탓할, 만만한 상대가 다 떠났다. 그러자 이번에는 큰아버지, 큰어머니가 된 것이다.

나중에 들어보니 크게 싸우신 것 같았다.

아버지는 자기가 벌어서 보내준 돈을 달라고 또 시비를 거셨다. 할머니도 계시지 않고 말리는 사람이 없어서인지 주먹질까지 하며 형과 싸웠고 결국 경찰이 와서 멈추게 되었다. 이 일로 큰아버지는 한동안 병원에 입원하셨다.

그 후 아버지는 선미를 데리고 나오며 큰집과의 악연을 끝내셨다. 아버지는 자기 형제와 원수처럼 등지고 다시는 오지 않을 것처럼 전주를 떠나셨다.

지금까지 아버지의 실패한 인생에 도피처이자 종착역은 언제나 전주 큰집이었다. 또 이곳이 아버지 인생의 시작이기도 했다. 이곳을 떠나서 새 삶을 시작해도, 이곳에서 다시 삶을 살아도, 운명처럼 반복되는 실패의 굴레를 벗어날 수 없었다.

 아버지는 이렇게 전주 생활을 끝냈다.
아버지가 서울에서 전주로 돌아온 후, 이 년 동안 많은 일이 있었다. 할머니는 돌아가시고 새어머니와 시작한 가정이 두 번이나 깨어졌다. 나는 학교를 떠났고 일을 찾아 서울로 가서 독립했다. 아버지는 선미를 둘째 큰아버지 집에 맡기고 전주를 떠나셨다.

 아버지는 전주를 떠나시며 서울에 있는 나를 만나러 오셨다. 함께 일하는 다른 아저씨와 오셔서 술에 취해 빨갛게 충혈된 눈으로 나를 아들이라고 소개했다. 술에 취한 아버지를 보니 전주에 살던 두려움이 느껴졌다.
 내가 없는 동안에도 아버지는 전혀 변하지 않았다.
몇 개월 만에 만났지만, 한 시간 정도 이야기하고 헤어졌다. 중동에 국외 근로자로 나가신다고 하셨다. 그리고 선미를 둘째 큰아버지 집에 맡겼다는 이야기와 언제쯤 돌아오신다는 아버지의 근황을 알리는 내용이었다.
 아버지는 이렇게 또 훌쩍 떠나셨다.

그래도 이번에는 나에게 찾아와 알려주셨다. 아버지의 삶에서 지우고 싶은 아들일 텐데, 먼 곳까지 찾아와 자기가 떠남을 알려준 것은 처음이다.

나는 아버지가 국내에 안 계시는 것이 무척 안심되었다. 아버지에게 어떤 일이 일어나는지 알 수 없는 것은 나에게 가장 큰 위안이 되었는데, 내가 아버지로 인해 불안을 느끼지 않아도 되기 때문이다.

그 후 일 년 반 정도는 아버지와 전혀 연락이 없는 시간을 보냈다. 그 덕분으로 나는 서울에서 자유로운 새 삶을 시작했다. 하지만 난 아직 독립할 준비가 되어 있지 않았다. 내가 서울로 온 것은 그저 고통으로부터 탈출이었다.

열여섯 살, 나의 서울 생활은 언제나 외로웠다.
어린 나이에 일하며 얼마 안 되는 돈이 손에 쥐어지면 한 달 월세 오만 원을 내고 남는 돈으로 살아가기가 쉽지 않았다. 일을 가지 않으면 밥을 굶기가 일쑤였다.
그리고 사회에 나가 일할 정도로 아직 여물지 못했다.
나와 비슷한 또래들이 함께 일하지만, 언제나 내가 부족하게만 느껴졌다. 오십 킬로도 되지 않은 깡마른 몸에 불안함이 가득하고 남의 눈치만 살피는 내가 사회생활에 적응하는 것은 의욕만큼 쉽지 않았다.

한 번은 회사 사장님이 사무실로 불렀다.

"석진아. 네가 말없이 회사에서 일을 잘해 주니, 다음 달부터 일당을 오백 원 올려 육천오백 원으로 맞춰 줄게."

그래도 내 생각과 달리 사장님은 꾸준히 일해 주는 나를 지켜보고 있었던 것 같다. 종일 라디오를 들으며 기계 소리 가운데 금속을 깎는 일은 어린 나에게 참 지루한 일이었다.

 서울 생활은 나에게 꿈을 꾸는 것 같았다.

아버지로 인해 강제로 겪어야만 했던 고통스러운 일에서 벗어났다. 또한 나는 스스로 생각하고 선택할 수 있었다.

이제는 아버지처럼 살지 않아도 된다.

나에게는 자유가 있다.

그런데도 자취방에서 잠을 깰 때 찾아오는 외로움과 서글픔은 이전에 고통 속에 사는 나와 현재의 자유로운 나 사이에 혼란으로 찾아왔다.

서울 생활의 자유는 내게 신기루 같았다.

모든 것을 자유롭게 할 수 있는데, 손에 잡히지 않았다. 나는 자유를 누릴 준비가 안 되어 있는 게 분명했다. 언제나 불안과 우울함을 벗어날 수가 없었다. 나는 여전히 아버지와 살며 힘들었던 기억에서 벗어나지 못하고 있다.

정말 심각한 불안에 시달리고 있었다.

일 년이 조금 넘어 아버지는 돌아오셨다.
김포 공항으로 마중을 나갔다. 새까맣게 타고 여윈 모습으로 함께 귀국한 국외 근로자 무리 속에서 아버지의 모습이 보였다. 오랜만에 아버지가 나를 보자 눈가에 눈물이 맺혔다. '이제 아버지도 늙었구나'라는 생각이 들었다.
 나와 식사하며 짧은 안부를 나누었다.
참. 어색했다.
오랜만에 만난 아버지인데,
할 말도 없고 관심도 없었다.
그저 묵묵히 밥만 먹고 있었다.
왠지 모를 불편함이 느껴졌다.
당시 나와 아버지 사이가 이런 모습이었다.
 그날 아버지는 익산의 둘째 큰아버지 집으로 가셨다. 아버지가 오셨으나 예전처럼 불안하지 않았다. 내가 스스로 살 수 있으니 이제는 아버지의 눈치를 보지 않아도 되기에 그런 것 같다. 익산으로 가신 아버지는 그곳에서 자리를 잡으셨다. 아마 큰아버지의 권유로 머물 곳을 찾으신 것 같았다. 선미는 여전히 둘째 큰아버지와 살아가고 아버지는 익산에서 일하고 계셨다.

 익산으로 가신지, 얼마 지나지 않아 새로운 여성분을 만나셨다. 나에게는 여덟 번째 새어머니이시다. 자녀가 세 명 있는 조용한 분이셨다. 중학생, 고등학생 자녀들이 있었고 첫째는 나와 나이가 같아 서울로 일을 갔다고 했다.
나는 서울에 살며 명절에나 한 번씩 내려가 아버지와 새어머니를 만났다.

 새어머니는 나에게 편안하게 대하셨다. 함께 살지는 않지만, 인간적인 연민을 표현하셨다. 서울 생활이 힘들지 않은지 물어보고 마른 나에게 밥을 잘 챙겨 먹으라는 조언도 해주셨다.

 아버지와는 다른 분이었다.
지금 생각해 보면 아버지는 어떻게 자녀가 셋인 가정에 홀로 들어가 살았는지, 쉽지 않았을 텐데…….
그 집도 서울에 살던 때처럼 집들이 다닥다닥 붙어 있어 집 안에서 소리가 나면 옆집에서도 다 들리는 구조였다.
아버지의 분노를 표현하기에는 적합하지 않은 집이다.
아버지 성격을 아는 나로서는 참 염려스러웠다.

 나의 서울 생활은 주간에 일하고 야간에는 학교에 다니며 바쁜 나날의 연속이었다. 학업을 마치지 못하고 취업한 어린 근로자들을 위해 설립한 학교이다.
난 이 학교에서 여자 친구를 만났다.

외로운 나에게 여자 친구란, 나를 살아있게 해주었다.
 사랑을 배우지 못한 나에게도 한 가지 규칙이 있다.
'나는 아버지처럼 여성을 대하지 않겠다.'
'나는 아버지처럼 살지 않겠다.'라는 신념만은 확고하게 가지고 있었다. 시간이 지날수록 여자 친구와 관계가 깊어져 갔다. 매일 야근까지 하는 지루한 일상은, 여자 친구가 있어 견딜 수 있었다. 매주 토요일 여자 친구를 기다리는 마음은 많은 상상을 하게 했다.
 통통한 얼굴에 예쁘게 화장하고 내 앞에 나타난 여자 친구를 바라보는 느낌이란!
햐, 나에게도 이런 시간이 오다니!
마치 신이 지난날 나의 고통을 보상하는 것처럼 다가왔다.
'그래. 이 여자 친구라면 지금까지 나의 고통을 묵인한 신도 용서할 수 있어!'
사랑은 고통을 잊게 하는 최고의 처방이다.
 사랑에 굶주린 나에게 부드럽고 포근한 여자 친구는 내가 살아가는 이유가 되었다.
어리다고 사랑의 느낌이 다른 것은 아니다.
여자 친구를 아껴주고 싶고 내가 가진 가장 좋은 것을 나눠주고 싶었다. 나이도 어리고 가난한 연인이지만, 우리는 서로가 얼마나 필요한 존재인지 잘 알고 있었다.

나에게 여자 친구는 낭만이 아니다.
그녀는 나를 살아갈 수 있게 하는 생존의 이유다.
 여자 친구와 함께 익산에 계신 아버지를 만나러 갔다. 아버지에게 여자 친구와 결혼하겠다고 말씀드렸다. 아버지는 나의 결혼을 적극적으로 찬성하셨다. 반대하시리라 생각하지는 않았지만, 열일곱 살 아들이 결혼하는 것에 찬성할 것이라고도 생각하지는 않았다. 새어머니의 의견을 듣지는 못했다.
 처가의 어른들도 쉽지 않은 결정을 하셨다. 장인어른과 처할머니는 나를 못마땅하게 여기셨다. 이제 와 생각해 보면 나이 어린 사위를 누가 받아들이겠는가, 하지만 그때는 서운했다.
 아버지가 나의 이야기를 처가의 어른들에게 믿음이 가도록 잘 이야기를 해주셨다. 아버지의 이야기가 큰 도움이 되었다. 지금도 처가 어른들을 생각하면 큰 결정을 하셨다는 생각이 든다. 이런 어린 사위를 받아들이신 것이.
 나의 친척 어른들 가운데서도 결혼을 반대하는 분들이 계셨다. 그러나 그분들에 의해 나의 결혼이 결정되는 것은 아니었다. 나도 결혼을 방해하는 불쾌한 이야기는 듣고 싶지 않았다. 그분들이 내가 아버지처럼 살아갈까, 염려하는 마음으로 그렇게 말씀하신 것을 안다.

그런 이야기는 이미 할머니에게 수없이 들었다.
"석진아! 네 아빠처럼 아무나 만나서 일찍 결혼하지 말고 나이가 들어서 고모들이 소개해 준 믿을 만한 사람과 결혼해라! 쯔쯔 쯧. 네 아버지처럼 전봇대에 치마만 입혀 놓으면 달라붙듯이 여자만 보면 사족을 못 쓰는 사람이 되면 안 된다."
이런 말씀 때문에 할머니가 살아계셨다면, 여자 친구와 결혼하기 어려웠을 것이다.
할머니의 말씀이 나를 막아서지는 못한다.
여자 친구와 결혼을 결정하며 내가 아버지와 같은 인생길로 가고 있다는 생각은 하지 않았다.
내 인생은 내가 결정하고 살아가는 것이다.
그것이 우리 가족의 규칙이다.

아버지는 나의 결혼을 반대하는 분들에게, 엄마 없이 자란 내가 아내의 사랑을 듬뿍 받고 살기를 원한다고 말씀하셨다. 아버지의 이런 표현은 내가 알고 있는 평소의 아버지와는 다른 모습이었다.
아버지 인생에 방해만 되는 나에게, 아버지 인생을 망친 나에게, 내가 사랑받지 못한 부분을 말씀하시다니.
내가 아버지를 다 알지 못한 부분이 있었던 것 같다.

어쩌면 아버지는 인생을 통해 뒤늦게 배웠을 수도 있다. 아버지는 아들이 일찍 결혼하여 부모 사랑을 받지 못한 것을 아내에게 받기를 기대하셨다. 아버지의 도움으로 양가에 인사를 드리고 내가 사랑하는 여자 친구와 결혼식을 올렸다.
 나는 결혼을 위해 신에게 기도했다.
내가 사랑하는 여자와 결혼할 수 있게 도와 달라고!
아마 아버지도 사랑하는 여자와 결혼할 수 있도록 도와 달라고 기도했을 것이다. 신은 우리가 사랑하는 사람과 함께 살아가는 것을 도우시는 것 같다.
신은 아버지에게 여덟 번이나 허락했다.
나도 내 인생에 처음으로 허락을 받았다.
이렇게 큰일을 쉽게 허락을 받을 줄 몰랐다.
지금껏 내 인생에 좋은 일이 없었기에.

 나의 결혼식 사진에는 아버지가 익산에서 만난 여덟 번째 새어머니가 혼주석에 앉으셨다. 아버지는 그분과 얼마 살지 못하고 헤어지셨지만, 나는 아버지와 헤어진 새어머니를 결혼식 사진에서 오려내지 않았다.
 결혼식에서 나를 위해 화촉을 밝히시고 어머니 역할을 해주신 고마운 분이다. 그분이 결혼식에 참석해서 내가 잘살기를 바랬던 마음이 진심이었음을 나는 알고 있다. 비록 새어머니와 헤어졌지만, 그분으로 결혼식에 빈 부모님의 자리가 채워졌으니 감사하게 생각한다.

 내 결혼식에 오셨던 분 중에 잊혀지지 않는 분이 있다. 당시 야간학교 선생님 세 분이 내 결혼식에 참석해 내 삶을 인정해 주시고 지지해주셨다. 나이 어린 제자가 부부의 연을 맺는 것이 선생님들에게는 어떤 모습으로 비쳤을까? 시골에서 올라와 힘들게 사는 제자들을 바라보는 마음을 이제는 나도 알 것 같다.

 또 어릴 적 서울 엄마와 살며 다니던 교회 선생님 부부가 내 결혼식에 참석해 나를 축복해 주셨다. 밥을 굶던 나에게 음식을 챙겨 주시던 분들이 결혼식에 참석해 내 인생을 축복하시는 것은 지금도 매우 감격스럽다. 이후에 석철이를 다시 만날 수 있도록 나와 연결해 준 이분들은 내 인생에 가장 큰 은혜이다.

 아버지는 결혼 전, 신부에게 줄 반지를 준비하라며 돈을 건네주셨다. 나는 두 돈 반의 금반지를 만들어 결혼식 날 여자 친구의 손에 끼워주었다. 사랑받지 못한 아들을 사랑해 주는 여자 친구에게, 아버지가 나눌 수 있는 마음을 표현하신 것이다.

 흠.

아버지는 결혼에 실패했으나 아들은 사랑하며 잘 살기를 바라는 마음이 느껴진다. 자신이 아내를 맞이하는 것과 다르게 며느리를 맞이하는 마음은 내가 보지 못한 아버지로서 새로운 모습이었다.
 아들의 결혼식 날, 아버지는 예의 있고 신중하셨으며 술도 드시지 않았다. 평소 체면을 중요하지 않게 여기시던 모습과는 달랐다. 아들의 결혼식을 진심으로 축복하는 아버지셨다.
 난 아직 아버지를 다 아는 것이 아니었다.
아버지의 마음을 알려면 시간이 더 필요하다.

 결혼하고 이듬해, 나는 첫딸을 낳았다.
이렇게 흥분되고 신비한 경험은 처음이었다.
지금까지는 내 의견과 무관하게 만들어진 가족 구성원들과 살아오다 이제는 내가 사랑하는 가족이 생겼다.
아내와 딸, 그리고 아빠이자 남편인 나.
내가 아버지를 벗어나 가장 이루고 싶은 꿈이었다.
이 꿈을 이루기 위해 지금껏 견디고 살아왔다.
드디어 나에게도 가족이 생긴 것이다.
정말 감격적이고 가슴 설레는 시간이었다.
 누구에게나 결혼과 출산은 중요하고 소중하겠지만, 나에게는 아버지와 다른 모습으로 가족의 의미를 새롭게 만들어가는 출발이 되었다. 내가 아버지가 되어 써가는 새로운 가족 이야기의 시작이다. 나는 아버지와 다른 가족 이야기를 만들어가고 싶다.

 나의 의욕과 다르게 열여덟 살의 가장은 모든 것이 서툴렀다. 아이를 키우는 것은 아내나 나에게 아직 준비하지 못한 새로운 능력이 있어야 했다. 우리는 부모가 되어야 했고, 가장이 되어야 했다. 나에게는 아버지처럼 살지 않겠다는 신념만 있었을 뿐이다.

 소년공이 공장에서 버는 적은 돈으로는 가정을 꾸리는 것이 불가능했다. 돈을 많이 버는 일거리를 찾던 중, 전봇대에 붙은 벽보를 보니 하루 일당을 이만 오천 원을 준다고 적혀 있었다.

 건설 현장 일이었다.

돈이 필요한 어린 가장에게 거친 건설 현장은 삶이 무엇인지 배우는 체험 교육장 같았다. 건설 현장은 하루가 길다. 다섯 시에 일어나 집에 오면 일곱 시가 넘었다. 너무 피곤해서 저녁 아홉 시가 되기 전에 잠들기 일쑤였다.

지게에 벽돌을 지고 임시로 만들어진 불안한 현장 계단을 올라가는 일이 내 인생의 십자가를 지고 올라가는 것 같았다.

현장에서 점심을 먹고 시멘트 바닥에 누워 올려다보는 하늘은 유난히 높고 파랗다.
파란 하늘을 보면.
아지랑이처럼 피어오르는 미래에 대한 기대감.
그리고 어떻게 살아가야 하는지, 막연함.
아직 준비되지 않은 어린 아빠에게 인생이 무엇인지 가르치고 있었다.
 신은 나에게 결혼을 허락하고.
결혼의 책임은 내가 지는 것이 공평한 일이다.
만약 내가 결혼의 책임을 지지 않는다면, 나도 아버지처럼 새로운 결혼을 신에게 계속 요구해야 할 것이다.
 나는 사랑이 무엇인지 잘 몰랐지만, 딸을 돌보는 것에 내 책임을 다하고 싶었다. 그리고 아내를 불편하게 하고 싶지 않았다. 난 아내를 사랑했다. 서툴지만, 마음만은 진심이었다.
 내가 다시 석철이를 떠올린 것은 석철이가 우리 가족을 떠난 후, 십칠 년의 시간이 지난 뒤였다.
 결혼한 이후, 내가 아이를 둘 낳으며 비로소 어린 석철이가 떠올랐다. 생활도 조금 안정이 되며 자녀도 낳아 나도 아버지로 성장해갔다. 그러다 보니 부모가 아이를 떠나보낸다는 것이 무엇인지 느낌으로 알게 되었다.

그때까지만 해도 석철이를 입양을 보낸 아버지를 원망하거나 미워하는 감정은 느끼지 못했다. 단지 보통의 부모라면 어린 자녀를 입양 보낼 수 없다는 것만 느껴진 것이다.

석철이가 어디에 있는지 찾고 싶었다.

하지만 아버지에게 물어볼 수는 없었기에 입양기관에 전화를 걸어 방법을 알아보았다. 그리고 해외 입양을 보내는 사대 기관이 통합으로 운영하는 홈페이지에서 입양을 보낸 아이를 검색할 수 있었다. 내가 아는 정보를 다 동원해서 찾아보았다. 하지만 석철이의 발자취를 찾을 수는 없었다. 한동안 다양한 방법으로 석철이를 찾으려고 시도했다. 그렇지만 그때마다 번번이 실패했다. 이름이나 주소가 맞는 아이가 나타나지 않았다.

내가 어렸던 때라 기억이 잘못된 것은 아닐까, 생각했다. 아버지는 잘 아실 텐데, 물어볼 수 없어 답답하기만 했다. 그 후로도 석철이를 찾으려는 노력을 한동안 시도했지만, 소득 없이 멈추게 되었다.

당시 석철이를 찾으려 했던 나의 마음은 지금과 달랐다. 아이를 낳아보니 아이를 보는 연민의 정이 석철이를 찾으려 했던 것 같다. 지금처럼 가족과 인생에 대한 눈이 아직 생기기 전이다.

아버지도 늙으셨는지 술을 드시면 지난 일이 떠올라 심하게 통곡하는 일이 가끔 있었다. 어느 날은 아버지가 술기운을 빌어 석철이를 목 놓아 부르며 울었다.
"석철아, 석철아!
내 아들 석철아!"

 나는 그런 아버지의 모습을 바라보며 자업자득이라고 생각했다. 연민을 느끼기보다는 항상 강하게만 보이던 아버지에게 이런 시간이 온 것이 그저 놀랄 뿐이었다.

 아버지도 석철이를 외국으로 입양을 보내고 그저 편한 마음으로 지내 온 것만은 아닌 것 같다. 입 밖으로 꺼내지 않더라도 혼자 있을 때면 문득 떠오르는 자녀들에 대한 기억과 자녀에게 잘하지 못한 자책은 부모라면 누구에게나 찾아온다. 나도 자녀를 키워보니 그렇다.

 우리 아버지는 다른 아버지보다 고통이 더 클 것이다.

 나의 자녀들이 초등학교에 다닐 무렵, 아버지는 사 년간 살아온 여성분과 결국 헤어졌다. 이 새어머니는 내가 주선해서 결혼식까지 올렸던 분이셨다. 아버지는 서울에서 만난 여성분을 집으로 모셔왔고 두 분이 결혼식을 올리기를 원했다.

 여성분들은 나이가 들어도 자신의 가치를 인정받고 축복속에 살고 싶어 하신다. 곱게 단장하고 많은 사람 앞에 존귀

함을 받을 때. 가장 빛이 나는 것을 알고 있다.

 좋은 마음을 가지고 두 분이 결혼생활을 시작하셨지만, 아버지는 언제나 같은 결과로 마치셨다. 지금까지 아홉 번의 결혼생활에 실패했다면, 아버지는 더 깊이 생각하고 처신해야 했다.

 나는 아버지와 가까운 곳에 살며 그분이 얼마나 힘들게 살았는지, 보고 들었다. 헤어진 것이 그 여성분에게 다행스러운 일이다. 그나마 사 년간 살 수 있었던 것은 아버지의 변화보다는 배우자의 희생으로 살아온 것이다.

끔찍하고 안타까운 일이다.

 두 분이 다툴 때마다 내게 전화가 오고, 싸움을 말려 달라고 쫓아오는 생활이 반복되었다. 나는 아버지 집 근처에 살았지만, 아버지의 생활에 간섭하지 않았다.

그것이 우리 가족의 규칙이다.

 듣고도 못 들은 척, 보고도 보지 않은 척, 느끼지 않고, 표현하지 않는 것으로 생존 기제를 활성화한다. 가정불화를 호소하는 새어머니에게 내가 해줄 수 있는 것은 아무것도 없었다.

헤어지는 방법 외에는.

 여전히 아버지는 술을 마시면 평소와는 전혀 다른 사람이 되어 가족들을 힘들게 했다. 나는 어려서부터 보았기에 얼마나 괴로운 일인지 잘 알고 있다.
가족들에게는 그야말로 공포였다.
참. 잘 헤어지셨다.

 그분이 떠나고 아버지는 우리 집에 오는 일이 잦아졌다. 혼자 밥 먹기가 힘드니 우리 집에서 함께 드시고 저녁에는 혼자 잠자기가 외로워 손자들을 데려가 함께 자려고 했다. 이런 생활이 길어질수록 아내도 힘들어하고 아이들의 생활 규칙도 무디어졌다.
그렇다고 아버지에게 오시지 말라고 말할 수도 없고.
결혼 이후에도 아버지와 엮여 내 인생이 피해를 보는 것 같아 아주 불편했다.
아버지는 새어머니와 헤어지고 난 뒤, 신세 한탄을 자주 하셨다. "내 인생에는 왜 이렇게 복 쪼가리가 없냐!
거친 입으로 아이들 앞에서도 욕설하며 자기 인생을 저주하였다. 언제나 거칠고 폭력적인 아버지를 모시고 산다는 것은 견디기 힘든 일이었다.
 언제까지 이렇게 살아야 하나!
이대로 가다간 아버지와 나, 둘 중 한 명이 죽어야 이 고통이 끝날 것 같은 극단적 생각으로 이어졌다.
어릴 적부터 쌓여왔던 울분과 분노, 불안과 공포가 아버지

보다 내가 점점 더 커지는 것을 느끼고 있을 때였다.
머지않아 뉴스에 나올법한 강력 사건이 일어날 것 같은 위태위태한 시간이 흐르고 있었다.

아내는 아버지와 나 사이에 이런 불안을 느끼며 어찌할 줄 몰랐다. 아내는 시아버지에게 순종적이며 자신의 목소리를 내지 않고 숨죽이며 살아왔다. 이런 상황에 남편도 시아버지처럼 변해가는 모습을 보며 얼마나 힘들었을까.
아내가 참 고생이 많았다.

나는 아버지처럼 가정을 만들고 싶지 않았는데, 아버지가 내 가정에도 끼어들어 망치고 있는 것을 나로서는 견딜 수 없었다. 나는 아버지로 인해 내 가정이 불행해지는 것이 싫었지만 여전히 아버지의 그늘에서 벗어나지 못하고 있었다.
난 아직도 아버지가 무섭다.

아버지는 분명히 약해졌지만 나는 아버지를 어린 시절처럼 두려워하고 있었다.

한 번은, 열 번째 아내를 떠나보내고 외로움과 좌절감에 한탄하시는 아버지께 나는 선미 엄마를 찾아보고 다시 재결합하시는 게 어떠냐고 조심스레 이야기를 꺼냈다.
아버지는 자존심이 상한 듯이 말씀하셨다.
"나한테 그 얘기 하지 마라!"

아버지는 자신이 실패로 끝난 결과를 회복하려는 시도를 절대 하지 않았다. 아버지는 이미 실패한 것을 다시 마주하기 싫어하셨다. 그 후로 나는 아버지의 인생을 간섭하지 않는다.

　얼마 후.
아버지는 아내와 나에게 넌지시 이야기를 꺼냈다.
"아야! 내가 소개받은 사람이 있는데,
나이 차가 좀 많이 난다. 너희 생각은 어떠냐?
딸린 아이들이 둘이 있는데 애들 나이도 좀 어리다."
아내가 질문을 했다. "그 아이들이 올해 몇 살이에요?"
아버지는 머뭇거리다 말씀하셨다. 우리 첫째와 둘째보다 어리다고.
　우리 첫째, 둘째보다 한 살씩 어린 초등학생 자녀가 두 명이나 있는 여성과 함께 살겠다고 말씀하신 것이다.
아버지 성격을 알기에 반대하기는 어려웠다.
"아버지 연세에 초등학생을 키울 수 있겠어요?
학비에 생활비를 감당하며 노년을 보내야 하는데 어렵지 않겠어요?"라고 질문하자.
　아버지는 불편함을 감추지 못하신다.
단호한 목소리로 "알았다." 말씀하시고 대화는 멈추었다.
지금껏 단 한 번도 자식의 의견을 묻지 않고 사신 분이 이런 이야기를 나에게 꺼낸 것도 많이 달라지신 것이다.

그리고 일주일 뒤, 아버지가 말씀하셨던 여성분이 오셨다. 우리는 그분을 맞이할 준비가 전혀 되지 않은 채, 만나게 되었다. 새로 오신 여성분은 키가 작고 왜소한 체격에 연약하게 생기신 분이셨다. 솔직히 아버지가 이분과 살아갈 수 있을지 의문이 들었다.

처음 만나서 그런지 그분은 우리 부부를 어려워하셨다. 내가 새어머니 면접을 보는 것은 아니지만, 아이들 둘 데리고 재혼을 하는 그분으로서는 어려우셨을 것 같다.

이제 몇 번째 새어머니인지 난 더는 세고 싶지도 않았다. 그것이 아버지를 존중하는 것이다.

며칠 뒤, 아버지는 그 여성분의 이삿짐을 가져오셨다. 그리고 자녀들도 아버지 집 근처의 학교로 옮겨 전학 왔다. 그나마 우리 아이들과 같은 학교는 아니라서 퍽 다행이었다. 소개받은 지 한 달도 안 되어 모든 일을 마치신 것이었다.

참. 빨리도 오셨다!
나는 초등학생이 둘이나 있는 엄마가 한 달 만에 짐을 싸서 오는 것과 아버지처럼 늙은 신랑을 만나 살림을 차리는 것도 의심스러웠다. 이건 아버지 인생이니 내가 간섭하지는 않지만, 순리적으로 생각하면 평범하지는 않았다.

이렇게 그분과 새로운 삶이 시작되었다. 이번에도 나는 기대하지 않았다. 그러나 아버지가 제발 좀 잘 살았으면 좋겠다.
 아버지는 언제나 이런 식으로 살아오셨다. 좀 더 신중하고, 기다릴 줄 알며, 자세히 살펴볼 수 있다면 좋을 텐데. 아버지는 생각한 대로 밀어붙여야 직성이 풀렸다. 성격대로 사시더라도 잘 사신다면 무슨 문제가 있겠는가.
 그래도 새로 오신 분과 함께 사신 후에 아버지가 우리 집으로 찾아오는 불편함이 많이 줄었다.
아내와 나는 다행이라고 말했다.
 새 여성분과 삶을 시작한 지, 한 달이 못 되어 아버지는 우리 집에 찾아와 결혼식을 하고 싶다고 말씀하셨다.
그리고 그분에게 어머니라고 불러 달라고 부탁하셨다.
또 나의 아이들보다 어린 동생들에게 친절하게 대해 주라고 하셨다.
 아버지에게 결혼식 이야기를 전해 듣고, 한 달간 아내와 이야기를 주고받았다. 먼저 많은 사람 앞에서 결혼식을 올리기보다 가정생활을 잘 적응하고 시간이 흘러 서로가 결혼에 대한 믿음이 생기면 그때 하는 것이 좋을 것이라는 결론이 나왔다.
 아내도 나와 결혼한 이후 몇 차례 새어머니를 보았기에 아버지가 결혼생활을 좀 더 잘하기를 바라고 있었다.

 나는 아버지가 지금까지 살아온 삶보다 좀 더 성숙하게 살아가시길 바랬다. 새로운 여성을 만나 마음에 든다고 즉시 결혼식을 하고 금방 헤어지는 모습은 이제는 정말 그만 보여야 한다.

 아버지는 지난날 자신의 결혼식을 어떻게 생각하실까? 몇 차례 아버지의 결혼식에 참석한 나의 지인들도 아버지에 대한 신뢰가 없다.

나도 부끄럽다.

아버지가 속이 없으신 건지.

그 여성분이 요구하신 건지.

이런 철없는 생각에. 참, 나는 동의할 수 없었다.

 어렵사리 아버지에게 마음이 상하지 않게 말씀드렸다.

"혜정 엄마와 좀 더 사시면서 천천히 결혼식을 하면 어떻겠어요? 아버지."

아버지는 괘씸한 표정으로 "알았다." 짧게 말씀하시고 즉시 일어나 가셨다.

그 후 한동안 집에 오지 않으셨다.

 화를 내고 가신지 한 달 뒤, 아버지는 혜정이와 동생 수정이를 데리고 집으로 오셨다. 오랜만에 오신 아버지는 기분이 좋아 보였다. 아버지는 차에서 내려 새어머니 자녀들에게 나를 오라버니라 부르라고 시키셨다.

 혜정이는 나의 얼굴도 쳐다보지 못하고 머리를 숙이고 있는데 "오라버니. 오라버니" 아버지는 연신 따라 하라고 다그치신다. 이걸 시키시려고 한 달 만에 집에 오셨나 보다.

 손녀보다 어린 아이들에게 나를 오빠라 부르라고 데려온 것은 무슨 마음이 들어서일까?

아버지가 철딱서니가 없으신 건지, 눈치가 없으신 건지.

'어휴! 기가 차서.'

어이가 없어 상대하기도 싫었다.

사는 것이 행복해서 그러신 것일까?

 자기 기분에 따라 행동하는 미성숙한 아버지는 타인의 눈치를 모른다. 내가 어려서 새어머니가 올 때마다 아버지는 이런 모습이었다.

"석진아! 엄마라고 불러 봐라!" 어색하고 입이 떨어지지 않는 상황이었다. 하지만 아버지가 무서웠다. 그래서 작은 목소리로 "어 엄마"라고 불러보는 불편함을 나는 잘 안다.

혜정이와 수정이가 이런 마음일 것이다.

아이들이 참. 못 할 짓이다.

"아버지 시간이 지나면 되겠죠." 내가 이렇게 둘러댔다.

 새어머니 딸인 혜정이와 수정이가 우리 아이들과 같은 중학교에 가서 우리 아이들이 많이 불편해했다. 혜정이 수정이도 불편했을 것이다. 나도 새어머니의 자녀들과 불편한 관계로 성장했는데, 혜정이 수정이도 비슷한 사정이라 연민이 느껴졌다.

다행히 삼 년간 한 반은 되지 않았다.
아이들에게 혜정이 수정이가 학교에서 어떻게 지내는지 물어보면 아이들은 학교에서 절대로 아는 체를 하지 않는다고 했다. 가끔 내 차로 태워주기도 했다. 그렇지만 혜정이와 수정이는 나에게 오빠라고 부른 적이 한 번도 없었다.

나 역시 아버지가 만난 여성분들과 다양한 형제 관계를 이루었으나 한 번도 형제라고 생각한 적이 없었다. 자기 자식도 내버리는 가정환경에서 자랐는데, 아버지가 재혼한 가정에서 만난 사람들이 나와 가족이 되었다는 것은 아직 경험하지 못했다.

나에게는 다양한 형제들이 있었다.
아버지가 다르고 어머니가 같은 형제들.
어머니가 다르고 아버지가 같은 형제들.
아버지, 어머니가 모두 같은 형제들.
아버지, 어머니가 모두 다른 형제들.
이러한 형제 중에 지금껏 나와 가족으로 형제로 연결되어 관계하는 사람들은 단 한 명도 없다.

지금도 남처럼 살아간다.

 우리는 처음부터 가족이 될 것에 동의하지 않았다. 단지 부모가 서로 만나 강제로 가족이 된 것뿐이다. 또 헤어질 때도 부부는 미워하며 헤어졌으나, 자녀들은 서로 미워하지 않으며 헤어졌다. 처음부터 자녀들은 서로 가족이 되겠다는 마음이 없었기에 서로에 대한 기대나 바람도 없었다. 우리 가족은 낳아서도, 만나서도 진짜 가족이 되지 못했다. 이것이 내가 겪은 가족의 모습이다.

 아버지는 혜정 엄마를 만난 지, 어느덧 십칠 년이 넘었다. 혜정 엄마도 살면서 아버지의 폭력적인 성격이 나타날 때, 나에게 전화해서 여러 차례 도움을 요청한 적이 있었다.

 정말 가기 싫었다, 가서 보면 누구 편을 들 수도 없었다. 그만하시라고 말할 수도 없다. 간섭하지 않는 가족 규칙으로 인해. 그저 고통을 느끼지 않는 것만이, 이 시간을 버티는 방법이다.

 아버지가 술에 취해 온 가족에게 하는 협박과 욕설은 내가 어려서 본 모습을 지금까지 이어지고 있다. 젊었을 때보다 줄었지만 폭력적인 성격은 여전하다.

 그러나 자신이 약해져 혜정 엄마가 떠나면 살아가기 어렵다는 것도 알고 계신다.

 이런 삶이 이어지며 혜정이와 수정이도 나처럼 불안이 가득한 사람으로 만들어져 가고 있다.

아이들이 무슨 잘못인가?

부모 잘못 만나 나처럼 고생하는 혜정이 수정이도 불쌍하다.

혜정이 엄마가 온 후에도 아버지는 근처에 살며 여전히 나를 힘들게 했다. 결국 나는 아버지에게 폭발했다.

내가 아버지에게 독립하던 날.

그날도 아버지는 나를 무시했다. 아버지 평생에 나를 존중하지 않는 태도에 여태껏 참고만 살았다. 더는 이런 무시와 모욕을 당할 수 없었다. 수십 년을 쌓아둔 나의 분노는 조절할 수 없이 터져 나왔다. 옆 사람들이 말리지 않았더라면 그날 큰 사건이 일어났을 것이다.

그는 내 아버지가 아니다.

나를 괴롭히는 폭군이다.

그의 화풀이로 나는 많이 맞았다.

나는 평생 그의 감정받이로 살았다.

나는 그의 욕받이다.

그의 잘못은 언제나 나 때문이다.

그가 불편해지거나 위험해지면 나를 즉시 버렸다.

나는 그의 노예다.

그는 내 인생을 망쳤다.

내가 그를 통해 태어난 것은 저주이다.
나는 이 저주에서 벗어날 수가 없다.
 내가 아버지에게 화를 낸 것보다 평생 노예처럼 괴롭힌 주인에게 폭발한 것이다.
아버지는 나의 분노에 그저 늙고 힘없는 노인 같았다.
이렇게 늙은 호랑이에게 눌려 내가 숨죽이고 산 것이었다.
아무것도 아닌 이 늙은이에게 내가 이토록 수모를 겪었는가? 왜 여태 이 늙은이에게 대항하지 못했을까?
우!
나는 수컷 서열 경쟁에서 이겼고 아버지에게 독립했다.
나의 큰 소리에 아버지는 아무 말도 하지 못했다.
 그저 나의 눈치를 살피며 사람들에 둘러싸여 보호를 받고 있었다. 나를 평생 괴롭힌 인간을 죽여 버리고 싶었다. 나의 응축된 억울함과 분노가 이렇게 폭발했다.

 그날 이후.
아버지는 자신이 수컷의 서열 경쟁에서 졌음을 스스로 인정했다. 나에게 어떤 영향력을 행사할 수 없음을 싸움으로 배웠다. 아버지는 나에게 연락도 하지 않았다. 선미를 통해 나를 묻지도 않았다. 그리고 내 삶에서 점점 멀어져 갔다. 이전과는 다른 삶을 보이셨다.

그 후, 육 년이 지나 손자가 군대에 있을 때 아버지가 면회를 오셨다. 집안에 첫 손자를 찾아오신 것이다. 둘째를 통해 들은 아버지는 늙고 약한 노인이었다. 아버지는 오직 나에게만 넘어설 수 없는 존재였다.

아버지에게 독립하던 날, 나는 아버지에게 화가 많이 났고 그것을 표현하는 자신에게 놀랐다.
왜 진작 이렇게 하지 못했을까?
더 빨리 이 고통을 끝낼 수도 있었는데!

그러나 서열 경쟁에서 이긴 사자처럼 당당한 마음은 잠시뿐이었다. 오히려 일주일간 긴장과 불안의 마음을 다스려야 했다. 늦었지만 아버지의 지배에서 벗어났다.

나는 아버지 집에서 멀리 이사해 새로운 삶을 시작했다. 그러나 정작 내 마음이 아버지에게서 벗어난 것은 그 후로 수년이 지난 뒤였다. 나는 이미 성인으로 한 가정의 가장으로 성장했다. 하지만 늙은 아버지의 그늘에서 벗어나지 못한 것은 아버지 앞에 여전히 어린아이로 서 있었기 때문이다. 오랫동안 이어진 아버지의 심리 지배의 결과이다.

십칠 년이 흘렀지만, 연락을 끊었다고 마음이 끊어진 것은 아니다. 아버지를 향한 나의 마음이나 아버지가 나를 바라보는 마음은 서로 말을 하진 않지만 연결되어 있음을 느낄 수 있다.
아버지와 관계를 끊었다고 마음이 편하지 않고 다시 만나도 내 마음은 불편하다. 어떻게 해야 할지 나도 잘 모르겠다. 다만 나는 나와 내 가정을 지키는 일이 필요했고 아버지도 자기를 다스리며 살아가야 하는 시간이 필요했다.
 아버지의 형편을 듣는 것은 간간이 연락을 주고받는 선미를 통해서다. 아버지는 여전히 혜정 엄마와 살아가고 있다. 노년 인생에 지난 자기 삶을 돌아보며 아직 남아있는 삶을 더 진지하게 사시길 바란다.

 선미도 일찍 결혼해서 세 명의 아이를 낳고 살았다. 결혼하기 전까지 나와 함께 살아서인지, 선미가 결혼해 집을 떠난 후 일주일간 정말 심하게 힘들었다. 이런 가슴앓이는, 너무너무 힘들었다. 나와 가장 오랫동안 함께 살았고 가장 많은 고생을 했다.
 선미가 결혼해 사는 동안 나도 근처에서 함께 살았다. 선미가 아이를 낳을 때마다 아내가 보살피고 함께 서로의 자녀를 돌보며 살아왔다. 선미도 아이들을 키우며 열심히 살았는데, 인생은 혼자만의 열심으로는 되지 않았다.
 선미는 일찍 이혼했다. 막내가 세 살 때 일이다.
아이가 셋인데도 선미는 이혼하는 것에 단호했다.

각자의 삶은 각자 결정을 한다.

그것이 우리 가족 규칙이다.

 선미가 혼자서 아이를 키우며 살아온 이야기는 나도 잘 모른다. 나는 선미가 아버지의 인생을 되풀이하는 것이 싫었다. 그래서 한편으로는 측은했지만, 선미의 삶에 간섭하고 싶지 않아 멀리하게 되었다.

나에게 서운한 것이 많을 것으로 생각이 든다.

 이혼 후, 선미는 세 자녀가 성년이 되도록 혼자 살았다. 새로운 남자친구가 있다는 소리를 듣기는 했지만, 같이 살지는 않은 것 같다.

 엄마 혼자 아이 세 명을 키우는 게 얼마나 힘든 일인지. 선미는 자신이 선택한 결정에 끝까지 책임을 졌다. 아버지처럼 자식을 버리지 않고, 돌보고 성장시킨 것은 선미의 노년에 수고의 열매가 있을 것이다.

 선미가 아버지에게 연락하며 지내는 것은 다행스러운 일이지만 어릴 적 아버지의 심리적 지배가 남아있을까, 염려도 된다.

 선미는 석철이에 관한 기억이 없다. 자기 생모에 대한 기억도 그렇다. 어릴 적 일이라 기억이 없다고 마음이 없는 것은 아닐 것이다. 그도 아이 엄마로서 이혼하고 살아가며 힘들 때마다 자기 엄마가 가장 먼저 생각이 떠올랐을 것인데.

기회가 된다면 동생 선미에게 '수고했다'라는 말을 꼭 전해 주고 싶다.
"혼자 살아오느라 수고했다. 선미야.
오빠가 함께하지 못해 미안하다.
네가 살아온 삶을 격려한다."
또한 조카들에게도 축복의 말을 전하고 싶다. 어렸을 때 이후 본 적이 없는 외삼촌을 기억하지는 못하겠지만.
내가 더 마음이 열린다면.
선미를 만나 가장 편안한 대화를 나누어 보고 싶다.

석철이와 헤어진 후, 삼십 년은 이렇게 흘러갔다.
석철이만 헤어진 것이 아니라 아버지, 선미, 나, 모두 뿔뿔이 헤어졌다.
헤어진 이후, 우리는 가족관계를 단절했다.
그리고 각자 살아가는 시간이 흘렀으나, 우리는 가족을 잃어버린 것조차 알 수 없는 상태로 살아왔다.
살아있으나 가족을 의식할 수 없는 삶이었다.
동생을 잃어버린 삼십 년은 나를 잃어버린 시간이었다.

기나긴 고통의 시간.
우리 가족에서 석철이가 없는 삼십삼 년은 가족이 파괴되는 시간의 반복이었다.

이 고통을 석철이가 겪지 않은 것은 그나마 다행이다.

5

동생을 만난 이후

가족은 함께하며 추억을 남긴다.
시간이 흘러도 추억으로
우리가 가족이었음을
알게 된다.

동생을 만난 이후

 석철이는 가족과 첫 만남 이후 매년 한국을 찾아왔다. 삼십 년 만에 첫 만남은 나도 매우 긴장되어 자녀들과 동행해 동생을 만날 수 없었다. 그렇지만 두 번째 만남에는 석철이에게 나의 자녀들을 소개하고 좀 더 편안하게 만나고 싶었다. 석철이의 소식을 접한 뒤부터 자녀들에게 삼촌의 이야기를 해주었고 꾸준히 의견을 나누었기에 자녀들도 삼촌에 대해 관심이 많았다.
 잃어버린 삼촌에 대해 자녀들과 대화를 나누다 보면 자녀들의 생각과 내 생각이 아주 다르다는 것을 많이 느꼈다. 나는 '동생과 무슨 이야기를 나눌 수 있을까' 하는 막연한 생각인데. 자녀들은 가족을 찾아온 삼촌을 맞이하는 반가움과 미국에서 어떤 삶을 사는지 궁금해했다.
'어쩜 석철이를 바라보는 시선이 이렇게 다를까!'
 석철이는 내 동생이지만 나와 열한 살 차이가 나고 큰딸과는 일곱 살 차이밖에 나지 않는다. 아직 미혼인 석철이와 나의 자녀들이 같은 세대로서 더 잘 공감이 될 것 같다. 자녀들과 내가 석철이를 다르게 바라보는 또 다른 이유는 나이로 인한 시대적인 공감 차이보다 내 안에 아픈 기억이 석철이를 아프게 바라보기 때문이다.

 석철이와 두 번째 만남에는 자녀들이 수고해 주었다.
직접 삼촌과 연락하여 일정을 약속하고 우리가 사는 곳으로 올 수 있도록 길 안내를 해주었다. 석철이도 이렇게 하는 것이 더 편할 것이다.
 처음 보는 삼촌이지만 자녀들은 나와 다르게 친근하게 다가갔다. 석철이는 대중교통을 이용하여 우리가 사는 이문동으로 찾아왔다. 여름이라 반 팔과 반바지를 입은 편안한 모습이었다.
 어색한 첫 만남과는 사뭇 달랐다.
자녀들은 삼촌을 처음 보자마자 아빠랑 너무 닮았다.
할아버지 판박이다.
설레발을 치더니 다들 영어 실력을 뽐내기 시작한다.

석철이에게 여섯 명이 말을 거는 모습이다.
나는 어색할 틈도 없지만, 대화에 낄 틈도 보이지 않는다.
'정말. 다행이다!'
내 마음이 안심된다.
첫 만남처럼 어색하고 긴장될까, 고민했는데.
 오늘 만남은 미국식으로 진행하기로 했다.
외대 근처의 치킨집에서 생맥주를 시켜놓고 왁자지껄한 젊은 분위기를 탄다. 시끄러운 음악과 옆 테이블의 젊은 남녀들은 오늘 만남에 중요한 소품이자 연출이 되어 주었다.
 아이들은 치킨과 생맥주를 시키고 석철이는 편안하고 익숙한 듯, 대하는 모습이다. 아버지가 기분이 좋을 때는 장난기가 많았는데. 석철이도 익살스러운 표정을 잘 짓는다.
의사소통이 잘 되었더라면 아마 웃음 터트리는 말을 많이 했을 것이다
 조카들과 어울려 맥주를 잘 마시니 보기 좋았다.
술기운 때문이라도 우리와 즐겁게 지낸다면, 멀리서 한국에 온 보람이 있을 것이다. 역시 미국 사람이라 아메리칸 스타일로 만나는 게 편안하다.
 오늘은 아이들 덕에 내가 숨을 쉰다.
'그래 이렇게 만났어야지'
 조카들은 삼촌에 대한 호기심에 경쟁적으로 질문을 했다.

"당신은 어디서 왔는가?"
동생이 미국에서 입양아로 살며 수천 번 들었을 것 같은 질문을 친가족에도 받고 있다. 이 질문에 해답을 얻기 위해 친가족을 찾아왔건만, 가족이 묻는 말도 다르지 않다.
"삼촌은 어디서 왔는가?"
석철이는 미국에서도 이방인이었지만, 가족에게도 이방인이었다.

 자녀들과 삼촌이 이야기하는 모습을 지켜보는 내내 가족은 부모가 같다고 되는 것이 아니라 가족으로 만들어져 가는 시간이 필요하다는 생각이 강하게 들었다.

 석철이는 가족을 다시 찾았지만, 가족이 되어가는 시간은 찾지 못했다. '석철이가 잃어버린 시간은 회복되기 어렵다'라는 비관적인 생각이 든다. 슬프지만 석철이는 자신이 입양아라는 정체성을 수용해야 할 것 같다.

가슴 아프고 미안하다. 석철이에게.

 이미 가족이라는 운명적 설정을 한 후, 만나서 그런지 석철이도 망설임이 없다.

 술이 들어가니 웃음도 늘어난다.

음식도 더 시키게 되고 오랜만에 만난 친구들처럼 재미있는 시간을 보내고 있다.

 이 시간 유일하게 말이 없는 사람은 나와 아내이다.

하지만 표정은 다르다. 아내는 주고받는 이야기 속에 질문을 하기도 하고 들은 이야기에 추임새를 넣을 줄 안다. 아내의 웃음과 반응들은 지금 여기에 함께 어울려 있는 즐거운 모습으로 보인다.

아내는 참.

이런 모습으로 평생 얼어붙은 나를 녹여왔다.

아내를 보니 믿음이 간다.

 아이들이 삼촌에게 묻는 미국 이야기를 통해 처음으로 석철이의 미국 생활을 듣게 되었다. 석철이는 휴대전화를 열어 미국 양부모님 사진을 보여주었다. 연로하신 부모님이 인자하게 보였다. 그에게는 누나가 한 명이 있고, 결혼해서 자녀가 있다고 한다. 지금은 부모님만 고향에 사시고 석철이와 누나는 독립해서 살고 있다.

 그의 이야기를 들으면 들을수록 미국 양부모님께 숙연해진다. 사진을 바라보며 그분들을 생각했다. 그분들에게 한없는 고마움을 느꼈다.

 자녀를 버리는 부모가 있는가 하면, 버린 아이를 자기 자식으로 키우며 부모가 되어 주는 사람도 있다. 나는 자식을 버린 부모와 함께 살았다.

 남이 버린 자녀를 사랑과 헌신으로 키우는 사람들은 어떤 사람일까? 석철이 앞에 열한 살 아이로 멈추어 있는 나로서는 미국 양부모님에 대해 상상도 할 수 없었다.

 그분들이 살아온 인생과 인간을 향한 사랑이 존경스럽다. 나와 비슷한 모습의 인간이지만, 다른 세계에 사는 월등한 존재처럼 느껴졌다.

생각해 보면.

세 살 때 나를 버리고 떠난 아버지.

한 살 때 나를 버리고 떠난 어머니.

두 살 때 석철이를 버린 어머니, 아버지.

 석철이 양부모님과 비슷한 연배이지만 너무도 다른 삶의 모습이다.

빈 밥그릇을 손에 쥐여 주며 빌어먹고 살라고.

한밤중에 내어쫓는 아버지만 바라보던 나로서는.

석철이의 미국 양부모님은 헤아릴 수 없는 분이었다.

 그들을 보면 '인간의 모습을 한 신이 현존해 있다'라는 생각이 든다.

내 나이 서른여섯쯤, 두 명의 아이를 입양하려고 준비하고 있었다. 아내와 충분한 이야기를 나누고 주변 지인들에게 자문을 구했다. 이미 자녀가 있었으므로 꼭 입양이 필요한 상황은 아니지만, 부모가 없는 아이에게 부모가 되어 주는 것이 얼마나 필요한지 인생을 통해 배웠기 때문이다. 나에게 입양을 조언해 주신 분들은 한결같은 이야기를 했다.
 인생에 무리한 짐이 불행을 초래할 것이라고.
입양을 준비하는 나에게 더 신중해져야 한다고 했다.
좋은 일에도 언제나 갈등이 있어 고민이 된다.
이성적으로 생각해 보면 멀리 있는 그 아이들의 부모가 되어 주기보다 가까운 내 자녀를 돌보는데 더 관심을 쏟는 것이 필요했다. 그러나 부모가 없는 그 아이들이 어떻게 살아가게 될지, 안타까운 마음은 그들의 삶에 꼭 필요한 부모가 되어 주려 노력했다.
 아이들이 있는 먼 외국까지 입양서류를 들고 찾아가는 수고에도 불구하고 입양하지 못했다. 국제 입양에는 많은 제약이 있었다. 결국 정식 입양에는 실패했다.

 하지만 지금은 서울에서 함께 살아간다. 나와 관계를 꾸준히 이어오며 내 곁으로 오게 된 것이다. 그는 이미 성인이 되었기에 스스로 살아가야 하지만, 그의 마음에 "네가 혼자가 아니다."라는 믿음을 심어주려고 나는 노력한다.
 그는 외로울 때도 전화하고 어려울 때도 연락한다.
또 가끔 만나 외식을 하며 담아두었던 많은 이야기를 꺼내 깊은 속내를 나눈다.
 살아 보니 부모는 어릴 때만 필요한 것이 아니었다.

삶의 모든 순간에 부모라는 존재가 필요했고 부모님이 돌아가신 뒤에라도 그분들과 함께한 추억들은 가슴에 남겨져 있다. 또한 부모님이 가르쳐 준 삶의 방식은 나를 통해 자녀들에게 전수되는 정신 가치이다. 내가 사랑하는 그 아이와 십육 년의 세월을 통해 함께한다는 것이 무엇인지 배워가고 있다.

 나는 자녀들에게 만나서 가족이 되는 것에 대해 많은 이야기를 한다. 그리고 자녀들도 만나서 가족이 되는 선택을 부탁한다. 두 명의 자녀를 낳아도 입양을 통해 부모가 되어 주는 성숙한 선택을 하기를 바라는 것이다. 꼭 입양이라는 묶임이 아니어도 좋다. 내 이웃을 돌보며 사랑을 나누는 것은 아름답고 성숙한 삶이다.

 다섯 번째 새어머니와 아버지가 나와 선미를 버리고 떠난 후, 먹을 것이 없어 굶고 있는 우리를 보다 못해 옆집 아주머니가 초등학교 일학년이던 동생 선미에게 하루 두 끼, 점심과 저녁을 먹여주었다.

 아침이면 선미는 옆집 아줌마가 자기를 불러 주기만 기다렸다. 점심까지 기다리는 동생의 눈빛은 늘 문밖에 관심이 있었다. 옆집을 다녀온 동생은 밥을 먹은 만족감에 배를 만지며 웃는 모습으로 들어왔다. 그런 동생을 보면 여전히 굶고 있던 내 허기가 사라지는 듯했다.

교회 선생님은 그런 나를 위해 매 주일 음식을 모아 챙겨 주셨다. 그 덕분에 생라면 한 개로 하루를 버티던 나는 몇 끼니를 해결할 수 있었다.

어린아이는 이러한 상황을 스스로 해결할 수 없었지만, 이웃들이 보여준 작은 관심으로 어려운 시기를 버틸 수 있었다. 이렇게 이웃에게 흘러간 작은 도움은 아이 마음 안에 자리 잡아 자신의 인생을 통해 사랑을 베풀며 살아간다.

사랑은 사라지지 않는다.

지금도 이러한 나눔은 누군가의 삶에 꼭 필요한 일이다. 나도 이 과정을 배우는 시간은 매우 힘들고 고통스러웠다. 또 이 기억들이 부끄러워 생각이 찾아올 때마다 몸서리치는 반응들은 지금도 나타난다.

그렇지만 어릴 적 힘들었던 경험은 나처럼 절박한 상황에 처해 도움이 필요한 사람들에게 관심을 갖는 마음의 눈을 뜨게 했다. 그들을 보며 내가 아픔을 느끼는 것이다. 내가 외국까지 입양서류를 들고 찾아간 것도 이런 이유이다. 한때 힘들었지만, 지금은 나의 상처를 회복하고 바른 나눔으로 덧입혀 가고 있다.

석철이의 양부모님을 보니 나의 삶을 돌아보게 한다.

양부모님은 자신이 살아온 삶을 통해 다른 사람에게 어떤 삶을 살아야 하는지 영향을 미치고 있는 것이다.

자녀들이 삼촌과 대화하는 것을 들으며 석철이가 입양을 간 것이 다행이라는 생각이 들었다. '그곳의 삶이 너에게 더 도움이 된 것 같다'라는 생각이다.

안타깝지만 사실이다.

가족으로서 할 이야기는 아니지만.

 석철이는 미국에서 좋은 학교를 나왔다.

자기가 노력한 결과도 있겠지만 양부모님의 수고와 헌신이 얼마나 큰지, 자녀를 키워보면 누구나 알 수 있다. 아이 한 명을 키우기 위해 부모는 전 인생을 희생해야 한다. 피부색 다른 한국 아이를 데려와 사랑으로 채우고 물가 비싼 미국 사회에서 대학까지 보내는 수고는 참으로 경이로운 일이다. 들으면 들을수록 그분들의 깊이를 헤아리기 어렵다.

 어려웠던 시절에 나의 아버지는 대학까지 나왔지만, 자식의 출생신고조차 하지 않아 나는 초등학교도 들어가지 못했다. 아버지와 석철이 양부모님은 인간을 바라보는 가치의 차이가 너무도 다르다.

석철이의 양부와 생부는 각자가 키워 낸 양육의 결과물을 가지고 지금 마주하고 있다.

양부의 결과물인 석철이.

생부의 결과물인 나.

웃고 있는 석철이와 웃지 못하는 내가 부모의 성적표인 것 같다. 가슴 아프지만 이게 우리가 마주한 현실이다.
 생각해 보니 나 자신이 처량해진다.
그래. 인제 와서 무엇을 바꿀 수 있겠는가.
아버지에게 무엇을 기대하는가?
씁쓸하지만, 이번 생에 나는 이렇게 산다.
석철이 너라도 잘되어 다행이다!
 석철이는 마이크로소프트사에 근무한다고 했다.
들어보기만 했던 회사인데 직접 다니는 사람을 만나다니!
급여도 높고 집도 회사 근처에 비싼 곳에서 사는 것 같았다.
석철이가 정말 훌륭한 부모님 아래에서 좋은 교육을 받고 잘 성장했다.
참 잘된 일이다.
진짜 다행이다. 석철이 네가 잘되어서.
한인 입양아 중에서도 매우 잘 성장한 사례라고 경찰서에서 이야기한 배경이 이런 부분이었나 보다.
 코로나 상황이 있기 전까지 석철이는 매년 크리스마스 연휴나 여름휴가를 이용해 가족을 찾아왔다. 두 번째 만남은 조금 편했고 세 번째 만남은 더 편했던 것 같다. 한국에 오면 항상 했던 대로 아버지를 만나고 선미와 함께 어머니를 만났다. 그리고 미국으로 돌아가기 전 나를 만나러 왔다.
 이제는 스스로 내가 사는 곳까지 찾아온다.

큰딸의 가게에 올 때도 있으며 내 일터로 와서 저녁 늦게까지 조카들과 이야기하고 돌아갔다. 또한 우리의 만남이 늘 어갈수록 석철이의 한국어 실력도 조금씩 늘어갔다. 해를 거듭할수록 석철이는 한국 가족과 친밀감이 깊어지고 한국 가족들도 석철이와 유대 관계를 맺어 나간다.

 선미 엄마의 딸, 사위와 어울려 부산 바닷가에서 노는 모습은 마치 가족이 모여 있는 모습이다.

석철이는 넉살이 좋다.

 석철이가 찍은 사진에 선미의 모습이 보인다. 선미도 생모의 가족들과 잘 지내는 것 같다. 선미가 엄마와 잘 교류하기를 바라지만, 상처 많은 선미의 성격이 걱정스럽기도 하다.

 석철이는 잠자리가 불편할 텐데, 아버지에게 가면 꼭 하룻밤 자고 온다. 석철이가 마음속에 아버지를 품고 있는 것 같다. 아버지를 향한 석철이의 그리움이 느껴진다.

 석철이는 미국에서 부족한 것 없이 사는 모습인데. 그런데도 한국으로 돌아와 아버지를 다시 찾은 것은 그의 가슴에 아버지가 얼마나 필요했는지 알 수 있다.

 내가 석철이를 마지막으로 만났을 때, 여자 친구를 데리고 왔다. 여자 친구는 한국인으로 곧 결혼할 거라고 했다.

여자 친구를 형에게 보여주고 싶었나 보다.

고맙다! 동생아.

석철이는 미국으로 돌아간 후, 여자 친구를 양부모님께 인사를 시키고 결혼식을 올렸다. 결혼 진행은 빠르게 이루어졌다. 석철이가 가끔 카카오톡으로 사진을 보내 소식을 알려왔다. 큰딸에게 결혼식 상황을 알려주고 참석을 원했지만, 나는 참석하지는 않았다. 우리 가족 중에 누가 미국으로 가서 참석했는지는 모른다.
 또 생각이 머무른다.
우리 가족이 결혼식에 참석할 자격이 있는가?
미국 양부모님이 계시는데 찾아가는 것이 어떤 모습인지 잘 연상이 안 된다. 또 신부 부모님에게 어떻게 소개해야 할지 낯을 들 수 없는 부끄러움이다.
 석철이 결혼을 축하하는 마음이야, 양부모나 생부모, 모두 같겠지만 부모의 책임을 다하고 자녀를 떠나보내는 것과 자식을 버리고 뒤늦게 성장한 자녀의 결혼식에 나타나는 것은······.
흠. 어떻게 이야기를 할 수 있을까?
내 얼굴이 달아오르는 부끄러움이 느껴진다.
부모로서 차이가 크다.
그 차이는 얼마나 클까?
두 부모가 견줄 대상이나 될까?
그것은 대상으로서의 비교할 차이가 아니다.

두 부모는 서로 다른 사람이다.

아니 틀림이다.

그 삶은 옳고 그름으로 나누어져야 한다.

 이런 부끄러운 모습을 자식들에게 물려주고 결혼식에 참석한다면 정말 국제적인 망신이다.

석철이가 낳은 손자를 안아볼 자격이 있겠는가?

 맹자는 수오지심(羞惡之心)을 말씀했다.

자기 잘못을 부끄러워할 줄 알고 나쁜 일을 분별하여 미워하는 마음이 인간에게 필요한 것이다. 석철이의 결혼식 소식을 듣고 아버지, 어머니가 이 마음으로 많이 생각하게 될 것이다.

 코로나 시기에 석철이는 아들을 낳았다.

나의 손주보다 두 달 늦게 태어났다.

우습게도 삼촌이 조카보다 두 달 늦게 태어난 셈이다.

비슷한 시기에 부모가 되어 큰딸과 아기 사진을 주고받으며 소식을 이어간다. 당분간은 아이를 키우느라 한국에 오기가 쉽지 않을 것 같다.

 이제 석철이도 아내가 있고 자식이 있으니 자신만의 가족이 생겼다. 지금까지 석철이는 부모에게 자신의 운명을 맡기고 살아왔지만, 앞으로는 자신이 사랑하여 선택한 가족을 구성하여 살아간다. 석철이는 나와 다르게 양부모님에게 성숙한 인격과 아름다운 성품을 물려받아 훌륭한 아빠와 가장이 될 것이다.

 이제 석철이도 자신만의 새 인생이다.
나는 입양인의 삶을 잘 모르지만 그들의 애환과 아픔을 달래 줄 수 있는 인생 경험이 석철이 안에 담겨있다. 그의 경험은 아프고도 소중하다. 이 경험을 통해 다른 입양인들의 눈물을 닦아주는 아름다운 삶이 되기를 기대해 본다. 석철이만의 특별한 가족 이야기가 펼쳐질 것이다.

"살아오느라 수고 많았다 석철아!"
행복하게 잘 살아라!
형이 진심으로 너의 삶을 축복한다.
눈물 나도록 소중한 너의 삶을 멀리서 지켜볼게.

 석철이를 처음 만난 이후, 몇 해를 계속 만났지만 내 마음이 편해진 것은 아니다. 나는 여전히 해결되지 않은 가족 문제에 갇혀있다.
도대체 무엇이 문제일까?
 석철이 소식을 듣고 육 년이 넘었지만. 나는 아직 석철이가 한 살 때, 전주 큰어머니 집 작은방에 있다. 불편한 마음이 풀리지 않는다. 나도 버려졌는데 작은동생이 버려진 것은 죽어도 용서가 안 된다.
절대 용서할 수 없다.
절대로, 절대로.
내가 아버지의 잘못된 삶에 분노하고 있다.
 석철이가 돌아온 좋은 일에도 내 속은 뒤틀려 있다. 이렇게 뒤틀리고 부정적인 것이 언제쯤이나 없어질 수 있을까? 나도 이런 모습으로만 살고 싶지 않기에 해결해야만 했다. 가족 문제는 해결할 수 없더라도 내 마음만은 편해져야 한다.

석철이가 미국에서 잘 자라서 돌아왔으니.
모든 것이 잘된 일이라고.
이것이 신의 뜻이라고.
더 좋은 일이 생기려고 이렇게 된 것이라고.
결과가 좋으면 다 잘 된 것이라고.
선미도 커서 늦게나마 엄마를 다시 찾아서 다행이라고.
이제는 좋은 일만 생각하면서 살면 된다고.
그렇게 덮어 놓아야 할 것인가.
스스로 위로하며 좋은 기억으로 정리하면 될까?
난 그렇게 용납이 되지 않는다.
또 그렇게 정리할 수도 없다.

나는 석철이와 작별을 하지 않았다.
어느 날 갑자기 석철이가 내게서 사라졌을 뿐이다.
그런데 사라진 석철이가 삼십 년 만에 나타났을 때, 어떻게 연결해야 할지 모르겠다. 당황스럽고 피하고 싶었다.
아버지는 석철이를 버렸다. 분명 내가 버린 것은 아니다. 하지만 가해자의 가족과 함께 살아온 나는 석철이를 다시 만난 후, 정말 미안하고 부끄러웠다.
가해자가 갖는 참회의 마음이다.
잘못은 아버지가 하고 자책은 내가 하고 있다.
그렇다고. 이미 저질러진 일을 바꿀 수도 없다.
아무것도 내 힘으로 할 수 있는 게 없다.
 이런 상황을 만들어 자식들에게 물려준 아버지가 원망스럽기만 하다. 내가 할 수 있는 것이라곤, 결국 아버지가 저지른 잘못된 과거를 수용하고 받아들여야 하는데.
그게 그렇게 안 된다. 생각할수록 화가 난다.
 나는 또다시 화가 난 마음을 살펴보았다.
'이렇게 된 모든 것은 아버지 때문이다!'
 아버지도 화가 나면 나 때문이라며 나를 원망했다.
나도 아버지처럼, 아버지처럼 다른 사람 탓을 하고 있다.
'내가 아버지를 닮았구나!'
아버지의 삶의 방식을 나도 반복하고 있다.

이렇듯 석철이를 수용하지 못하는 나를 바라보지 않고 아버지 원망만 하는 것을 발견했다. 어릴 적 석철이가 버려진 것을 수용하지 못하는 나와, 수용해야 하는 나 사이에 화해가 필요했다.

전주 큰어머니 집 작은방에서 석철이의 요람을 밀어주던 열한 살의 나와 어른이 된 지금의 나 사이에 화해를 해야 한다는 생각으로 정리된다.

그 시절 두려움과 학대 속에 갇힌 나를 돌보며 고통의 감정을 해소하고 사랑을 채우는 과정을 거쳐야 할 것 같다.

'그래. 고생 많았다 석진아!
넌 어린 석철이에게 최선을 다했고.
네가 석철이에게 할 수 있는 것은 아무것도 없었다.
너는 석철이를 책임질 수도 없고 책임져서도 안 된다.
힘들겠지만 석철이는 스스로 인생을 살아야 한다.
석철이를 버린 것은 너의 잘못이 아니다.
석철이를 버린 죄책감은 아버지가 가져야 한다.
석철이가 버려지는 아픔은 매우 고통스러웠다.
석철이를 버린 것은 네가 버려지는 아픔이다.
석철이도 버려졌고 너도 버려졌지만,
너희는 훌륭한 인생의 가치를 배웠다.

또 버려졌지만 너의 존재의 가치는 변함이 없다.
넌 존중받아야 하고 네 권리를 인정받아야 한다.
네 삶에 겪은 모든 고통에 대해 아픔을 공감한다.'
'수고 많았다 석진아!'
어색하지만 스스로 나를 위로해야 했다.

 아버지의 잘못을 탓하고 원망했던 마음을 진정시키는데 내 평생의 시간을 사용했다. 또 내 삶에서 일어난 불행을 아버지를 연결하지 않고 나의 문제로 받아들이는 데 오랜 시간이 필요했다.
 이제는 어린 시절의 고통을 느끼고 감정을 해소하며 사랑을 채워가는 삶을 살아간다. 아버지를 향한 불편한 감정에서 벗어나 자유로운 나로 살아가는 새로운 발걸음이다.

 경찰서에서 석철이 첫 소식을 듣고 벌써 십일 년째다.
나와 나의 화해가 이루어지더라도 가족 문제가 해결된 것은 아니다. 석철이로 인해 다시 연락하게 된 가족들은 십일 년 동안 어떤 변화도 없다.
 우리 가족이 오십 년을 이렇게 살아왔는데.
무엇을 기대하겠는가?
이 모습이 우리 가족 아니던가!

해소되지 않은 감정의 뒤틀림으로 불편한 가족관계.
오랜 시간 켜켜이 쌓인 해묵은 가족 문제.
달라진 것은 아무것도 없다.
 다만 시간이 흘러가며 부모 세대는 늙고 자녀 세대는 중년이 되었다. 중년이 되어서도 생애 초기의 가족 문제가 일생을 이어지게 될 줄은 몰랐다. 우리 가족 문제 해결은 이번 생애에는 불가능 한 것인가?
나도 답답한 마음이다.

가족은 함께하며 추억을 남긴다.
시간이 흘러도 추억으로.
우리가 가족이었음을 알게 된다.

 매일 새벽 네 시가 되면 할머니는 잠에서 깨어 기도하셨다. 나는 할머니의 기도 소리에 잠에서 깨어나 기도 소리를 들으며 다시 잠을 청했다.
참 우울한 기도 소리였다.
 우리 집이 더 잘되게 해달라는 할머니의 간절함은 어린 내가 듣기에 불안하고 서글픈 기도였다. 지금의 삶에서 더 잘되기 위한 바람보다 감사하다는 기도였다면 좋았으련만. 할머니는 십 년간 같은 기도를 반복했다.

할머니의 간절한 바람은, 자나 깨나 막내아들이 정신 차리고 가족을 돌보는 것과 술을 끊는 것, 그리고 어미 없는 불쌍한 손주를 잘 되게 해달라는 것이었다. 할머니의 기도는 소박하고 간절함이 담겨있었다.

 할머니가 돌아가시고 삼십팔 년이 흐른 뒤, 할머니의 기도는 우리 가족에게 어떻게 이루어졌는지. 나는 잘 모르겠다. 그렇다고 할머니 기도가 이렇게 이루어졌다고 억지로 꿰어 맞추고 싶지도 않다.

 나는 할머니의 기도처럼 살지 못했다. 그러나 할머니가 나와 함께한 추억으로 나는 그분을 추모하며 할머니의 존재를 그리워한다.

 또한 아버지도 할머니의 기도처럼 되지 못했다. 그렇지만 아버지도 역시 할머니를 추억할 것이다. 그 추억 속에 자신의 부족함을 발견하고 불효를 깨닫게 될 것으로 생각한다.

 신은 할머니의 기도를 어떻게 처리하셨을까? 할머니가 십 년이나 같은 부탁을 했을 때, 신도 거절하기 힘들었을 텐데.

 내가 신을 잘 알 수 없지만, 할머니가 나를 사랑하는 모습을 지금도 추억하듯 신은 할머니가 나를 사랑하시는 모습을 통해 자신의 사랑을 나타내시는 것 같다.

부족하더라도 작은 사랑을 가진 사람을 통해 신의 마음을 실천하시는 것을 삶에서 본다. 신은 사랑을 담은 인간을 통해 자신을 나타내며 더불어 살아간다. 이렇듯 신의 현존은 사람을 통해 이루어짐을 나는 확신한다. 우리가 사랑하는 사람을 만났을 때, 그 사람과 함께 하는 신을 만나게 되는 것이다.

 나는 사랑을 나눈 시간을 추억하며 우리가 가족이었음을 알게 되는 것을 삶에서 배웠다. 이것은 사랑하며 살게 한 신의 섭리가 가족 안에 실천될 때, 비로소 우리는 가족임을 알게 되는 것이다.

 할머니는 매일 새벽, 신을 만나 도움을 청했다.
이제 와 내가 생각하는 할머니의 기도 응답은 할머니 스스로 아버지를 사랑하고 내 어머니를 사랑할 때, 아버지의 애착불안이 치유되고 며느리와 화목을 이루어 손자인 나에게도 아버지 어머니의 사랑이 흘러내려 올 것이다.
그렇게 된다면 할머니는 나를 보며 더는 가슴 아픔을 느끼지 않아도 된다.
 가족 안에서 사랑을 나누는 것이 이렇게 중요하다.
사랑은 신이 하는 것이 아니라 인간이 해야 한다.
신이 인간 안에 담아둔 사랑을 꺼내어.

이렇게 할 때 할머니는 신에게 부탁하기보다 감사하는 기도를 드릴 것이다.

 오늘 하루 나눈 사랑이 미래에 가족이었음을 알게 하는 중요한 추억이 된다. 다시 말해, 지금 여기에서 사랑을 나누는 모습이 곧 미래의 모습이다. 사랑을 나눈 사람이 이 세상을 떠나더라도 그 사랑은 우리의 가슴에 남아 여전히 가족임을 증명한다. 나는 이 사랑으로 지금도 할머니를 추모하고 있다.

 아쉽게도 내 아버지를 떠올리면 우리는 가족이 아니었음을 증명하는 추억들로 가득하다.

 석철이가 돌아온 후, 혼자 생각하는 일이 많아졌다.
가끔 비가 내려 우울함에 젖어 드는 날이면 과거로 여행을 한다.
흘러간 옛 음악을 듣노라면 그 시절 나를 다시 만난다.
가을이면, 부산 산동네에 살던 시절 할머니가 좋아하시던 붉은 맨드라미가 가슴에서 피어난다.
집 옆의 거름 자리에 버려진 참외 씨가 싹이나 참외가 맺혔다. 나는 조그만 참외를 빨리 따고 싶었는데, 할머니는 참외가 클 때까지 기다리라고 했다. 추석쯤 참외를 두 개 따서 할머니가 깎아 주셨다.

부모가 떠나고 혼자남은 빈방에서 똑딱이는 벽시계 소리에 내 심장이 쿵쾅 인다.
이렇게 지난 과거가 널브러진 데로 바람에 날리며 굴러다닌다. 나는 굴러다니는 기억의 파편들을 피해 이리저리 발길을 옮긴다.
 평생 이렇게 살아왔다.
널브러진 데로.
어디서부터 치워야 할지 엄두가 안 났다.
모든 것이 엉망이다.
이미 망쳐버린 것을 쳐다보기도 싫다.

나의 회복의 자서전.
'겨울 아이'를 출간한 일은 십 년간의 심리 상담과 나를 치유하는 시간을 갖고 정리한 고행의 결과물이었다.
석철이의 귀향으로 시작된 과거를 청산하는 힘겨운 정신노동은 지금까지 이어지고 있다. 아버지로부터 물려받은 잘못된 잔재를 치우는데, 오십 년 인생을 허비하고 있는 것이다.
 나는 아버지처럼 살고 싶지 않았다.
내가 망가질 수 있지만, 아내와 자녀들이 고통받는 것은 용납할 수 없다. 그러니 나를 치유하고 돌보아야 했다.
이런 상황에 석철이가 돌아옴으로 또다시 아버지가 잘못 심은 나무를 뽑아 옮기는 일거리가 추가되었다.
정말이지!
이번 생애는 온전한 사랑을 나누거나 느끼지도 못한 채, 그저 최소한의 인간다운 모습을 갖추기 위해 수고하는 시간으로 소진될 것 같다.
 그렇지만 변화를 위한 나의 노력을 멈출 수 없다.
석철이가 돌아옴으로 우리 가족은 화합할 새로운 기회가 찾아왔다. 나는 이 기회를 통해 잃어버린 어린 나를 찾아 맞이하였다. 그러나 이미 사랑할 기회를 잃어버린 가족들에게는 화합보다 개인적 성찰의 기회로 주어졌다.
동생을 만난 이후, 우리 가족관계가 달라지지는 않았지만 내 삶에서 무엇이 중요한지 배워가고 있다.
나에게는 힘들었지 만 소중한 앎이다.

삼 년 전 아내가 나에게 새로운 영감을 주었다.
당신의 삶 이야기를 다른 사람들에게 알려준다면 비슷한 경험을 하고 사는 분들에게 깊은 공감을 일으킬 것이라며 글을 써보라고 권유했다.
 나를 위한 치유의 글이라면 선뜻 시작하지 못했을 것인데, 누군가 나처럼 고통받는 분이 있다면 그분을 위해 글을 쓰는 것은 내게 새로운 동기가 되었다.

동병상련의 연민은 우리의 우울을 더 크게 하기도 하지만 상처 짝꿍이 되어 함께 새로운 삶을 살기 위한 투사를 만들기도 한다. 비슷한 고통의 경험은 고통의 공감이 주는 친밀한 치유의 힘이 있다.

 내가 힘들었던 만큼 내 책을 읽는 분들에게 힘이 될 터이니 함께 회복을 이루고자 하는 간절함에 나는 다시 용기를 내어 긴 과거의 터널 속으로 발걸음을 옮긴다.

나는 즉시 글을 쓰기 시작했다.

석철이를 만난 이후, 십일 년간 생각을 정리했다.

아내의 말을 따라 이제라도 내 삶을 돌아보며 글로 정리한 것은 참 잘한 것 같다.

6
가족이란

가족은 운명의 족쇄가 아니다.
난 새로운 가족을 선택할 수 있다.
그것은 사랑으로 결정된다.

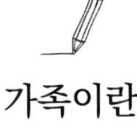

가족이란

 나는 살아오며.
아버지를 통해 열 명이 넘는 새어머니를 맞이했다.
또한 새어머니를 맞이할 때마다 새어머니들의 자식들과 함께 가족이 되어야 했다. 부모들에 의해 강제로 가족이 된 것이다. 아버지는 가족이 될 사람들에 관해 나에게 단 한 번도 동의를 구한 적이 없었다. 아버지가 생각하는 가족은 언제든 자신의 선택으로 만들어졌고 또 버리는 일도 어렵지 않게 하셨다.
 아버지 때문에 강제로 가족이 된 사람들은 불편함도 있었지만, 기대도 되는 양가감정이었다. 아직 친밀감이 없는 사람들과 한집, 한방에서 같이 살아가는 일은 낯설었다. 그 시절에는 성 인지 감수성이 낮은 사회였음에도 나와 성별이 다른 여자 형제와 함께 살아가야 할 때는 불편함과 함께 호기심도 있었고 부끄러움이나 감추고 싶은 부분도 많았다.
 초등학교에 들어가서는 점점 더 예민해졌다.
사춘기 시절에는 가족보다는 남녀 사이로 느껴졌다.
성인이 된 후에는 가족이라기보다 아버지와 관계된 사람이라는 생각이었다.
 이렇게 아버지의 만남과 선택으로 만들어진 가족은 나와 가족으로 맺어지기 전에 모두 헤어졌다. 아버지는 가족을 만들기 위해 열 번을 도전했지만, 번번이 실패했다. 우리는 가족이 되는 시간도 부족했고, 방법도 몰랐다.
 그저 함께 사는 것이 필요해서 모르는 남녀가 섞여 한집에 살아가는 것뿐이었다. 각자의 역할에 맞게 밥을 짓는 사람, 일해서 돈을 버는 사람으로 살아간다.
 그러나 얼마 못 가서 금방 탄로가 났다. 서로의 손발이 맞지 않다는 것이. 이쯤 되면 서로가 틀렸다고 공격하거나 나에게 맞추라며 강요하기 시작한다. 다툼으로 시작된 강요는 점점 폭력적으로 발전하고 주변에 자기의 편을 찾아 우군을 만든다. 다툼이 이어지는 동안 자녀들은 유령처럼 자기 존재를 숨기고 이 진절머리 나는 집을 벗어나 방황하며 버텨야 했다. 그러다 싸움으로 점점 지쳐가며 결국 서로 맞지도 않고 맞출 수도 없음을 인정하고 각자 새로운 짝을 찾아 떠난다.

 부모님 두 분의 사이가 좋을 때면 자녀들도 서로에 대한 반응이 긍정적이고 호감이 있지만, 두 분이 다투거나 헤어질 시기가 가까이 오면 자녀들은 서로 말이 없어졌다.
 우리는 서로 가까워질 수 없었으며 각자 부모를 따라 누구 편을 들어야 하는지 역할이 정해져 있었다. 아직 자녀들끼리 관계는 나쁘지 않지만 우리는 느끼고 있었다.
곧 헤어질 것이라는 사실을…….

 아버지와 새어머니 사이에 태어난 자녀가 없다면 헤어지기가 쉬웠다. 어느 날 갑자기 사라지거나, 크게 다투고 홧김에 집을 나가거나, 한 사람이 집에 없을 때 말없이 짐을 챙겨 떠나면 그만이었다.
 아버지와 헤어지며 나와 함께해서 좋은 추억이 있었다며 "석진아, 힘들지만 잘 살아"라는 말을 남긴 새어머니나 가족은 한 명도 없었다.
그것은 영화에서만 등장하는 모습인가 보다.
 갈등이 고조될수록 헤어짐의 시간이 다가옴을 직감하는데. 아버지는 주변 사람들에게 자신이 옳다는 것을 증명하려 애를 쓰셨다. 새어머니는 이웃 여자들에게 아버지의 흉을 보며 수군거렸다. 대부분의 갈등은 극심한 다툼으로 끝을 맺었다.

헤어지는 장면은 다양하게 나타났다.
사랑을 얻는 것에 실패한 아버지는 말없이 떠났다.
아버지가 새어머니 집에 들어가 살 때는 아버지가 떠났으며, 아버지 집에 새어머니가 사셨을 때는 새어머니가 집을 나가셨다. 대체로 한 사람이 집을 떠나면 남은 한 사람도 집을 나가 한동안 들어오지 않았다.
나만 홀로 집에 남겨진 채.

때로는 아주 치졸하게 헤어졌다.
집안에 남겨진 현금을 싹 긁어모아 도망치듯 떠난 새어머니. 집에 사람이 없는 틈을 타서 자기 마음에 든 살림살이를 미리 빼돌리고 떠난 새어머니. 아버지에게 많이 맞아 야반도주하듯이 떠난 새어머니. 갈라서는 집에서 내가 산 것이라며 살림살이를 들고 온 아버지. 떠난 새어머니가 혹시 다시 돌아와 집에 살림을 훔쳐 갈까, 집을 지키던 아버지.
이것이 내가 경험한 가정이 분리되는 모습이다.
막장일수록 드라마에서는 흥밋거리지만 깨어지는 가정을 겪는 자녀는 생지옥이었다.

새어머니가 떠난 뒤, 다음 날 아침은 정말 고요했다.
매우 황량한 고요함이다.
남은 가족 중 누구도 말이 없다.
정적이 흐른다.
다들 이불 속에 누워 밖으로 나오지 않는다.
배고픔이 느껴지지 않는다.
정적 속에서도 웃음이 나오는 상상을 한다.
이 느낌이 너무 싫었다.
이 고요함은 밖이 조용한 것이 아니라, 익숙했던 일상이 갑자기 멈추어버려 마음에 적막이 감도는 것이었다.
갑자기 할 일이 없어졌다.
나는 앞으로 어떻게 될까.
무엇을 해야 하나?
이런 상상을 하며 현재가 멈추어진 상태라고 해야 할 것 같다.

아…….
앞으로 우리는 어떻게 될까?
우리는 앞으로 어떻게 살아야 하나?
잿더미가 되어 무너진 집 위에 앉아 아무 말 없이 서로의 눈빛을 피하고 있다.

망연자실. (茫然自失)
보호자가 떠난 후 버려진 아이들의 모습이다.
인간의 모든 기능이 정지되어 버린다.
기억하고 싶지 않은 끔찍한 시간이었다.
이런 상황에서도 삼일 정도 지나면 천천히 일상이 회복되어 갔다.
 항상 이렇게 떠나는 것으로 헤어지는 것만은 아니다.
한 사람이 떠나서 끝이 나면 좋을 텐데. 아버지 어머니 사이에 자녀가 태어났을 때는 이런 식으로 헤어질 수도 없다.
나처럼.
선미처럼.
석철이처럼.
원수가 버린 자식을 어떻게 해야 할까?
미워하며 학대하는 것으로도 해결되지 않는다.
 전처가 버리고 떠난 후, 아버지에게 남겨진 자식은 두고두고 처치 곤란이다. 아버지도 경험을 통해 이 부분을 깨달으셨던 것 같다.
 아버지가 재혼하실 당시 아직 젊은 나이인데도 석철이 이후에는 자녀를 낳지 않았다. 지금처럼 피임이 일상화된 사회가 아니었다는 것을 고려해 보면 가임기의 여성을 만나 임신을 의도적으로 회피하였을 것이란 생각이 든다.

그뿐만 아니라 석철이 엄마와 헤어진 이후로는 혼인신고도 하지 않았다.
왜 그러셨을까?
새로 가정을 꾸릴 여성을 믿지 못한 것인지.
매번 실패하는 자신을 믿지 못한 것인지.
아니면 미래 운명을 믿지 못한 것인지.
 아버지는 여러 여성을 만나오며 경험적으로 삶에 진화를 이루어 왔다. 책임질 일을 줄이며 살아가는 법을 터득한 것이다. 그렇다고 고통이 줄어드는 것은 아니었다. 가정이 깨어지는 고통은 자녀가 없더라도 계속 찾아왔다. 괴로운 일을 반복적으로 겪어야 하는 아버지도 참 힘들게 살아왔다는 생각이 든다.
 아버지 인생에 몇 명의 자녀가 있는지 정확히는 알 수 없다. 이런 이야기는 아버지의 비밀 수첩에나 적혀 있을까. 집안 어른들도 모르거나 알고 싶어 하지 않았다.
 아버지는 첫 번째 아내를 통해 나를 낳았다.
이후 두 번째 아내를 통해 두 살 아래 동생을 낳았다.
그리고 네 번째 아내에게 선미와 석철이를 낳았다.
이렇게 살펴보면,
나, 남동생, 선미, 석철 이렇게 네 남매이다.
한 아버지와 세 어머니에게서 낳은 형제들이다.

그중에 나 다음에 태어난 동생은 아버지가 낳은 내 친형제이지만 나는 아직 그를 한 번도 보지 못했다. 다만 어른들의 이야기를 통해서 알뿐이다.

그 동생은 나와 두 살 차이로 내가 어릴 적에 태어난 후, 아버지와 헤어지며 그의 어머니를 따라갔다. 내 두 살 기억에 그의 어머니가 한 장면으로 남아있다. 내가 그 동생의 존재를 알게 된 것은 초등학교 다니던 시절 큰어머니와 할머니의 이야기 중에 듣게 되었다.

처음 듣는 이야기에 귀가 솔깃해지고 비밀을 알게 된 기분이었다. 나에게 모르는 동생이 있다는 것은 당시에 많은 상상을 불러일으켰다.

그리고 내가 중학생이 될 무렵 동생의 어머니가 암으로 돌아가셨다는 기별이 왔다. 우리 집은 자주 이사를 다녀 어떤 방법으로 기별이 왔는지 알 수 없다. 추측하기로는 큰집이 변함없이 그 자리에 있었기에 큰집을 통해 소식을 알려온 것 같다.

얼마 후,
이웃들에게 술기운에 주저리주저리 말씀하시는 아버지의 이야기를 엿듣게 되었다. 눈물을 보이신 아버지는 진심으로 그분의 죽음을 안타까워하시며 눈 덮인 묘를 자기 손으로 쓸어주고 오셨다고 이야기하셨다. 그분을 정말 마음으로 사랑했으며 이런 일이 있을 줄 몰랐다는, 이야기를 하며 진한 감정의 표현을 하셨다. 아버지가 헤어진 여성을 다시 만나 눈시울을 붉히신 것을 본 것은 이때가 처음이자 마지막이었다.

 그분이 살아계셨더라면 분명 만나지 않았을 터인데. 죽은 후 묘지를 찾아간 것은 아버지 안에 자기 상실을 슬퍼하시는 애도인 것 같기도 하다. 아버지는 그 이야기를 하시며 자기 인생이 얼마나 외로운지 주변 사람들에게 위로받기를 원하셨다.

 그런데 이상한 것은 과거 사랑한 여인의 죽음에는 눈물을 보이셨지만 그 여인을 통해 낳은 자기 아들에 대해서는 한마디 말씀도 없었다. 그 동생 이야기는 아버지에게 직접 들은 적이 없다. 술기운이라도 하셨을 법한데. 지금도 이해가 안 된다.

 이후 그 동생은 몇 차례 큰집을 찾아왔다. 동생의 외할머니는 동생 손을 잡고 큰집에 왔다. 그리고 아이 엄마가 죽었으니 아이를 데려가라고 했다. 잘 알지 못하지만, 큰어머니와 아버지가 거절했던 것 같다. 두 차례 정도 찾아왔으나 모두 거절한 것을, 큰어머니와 할머니 대화 가운데 들었다.

 그 동생의 이름은 '승명'이다.

우리 집안의 돌림자를 쓰지 않은 것을 보니 할머니가 지은 이름이 아니다. 승명이가 태어난 후, 할머니가 받아주지 않은 것인지.
왜 엄마가 데리고 친정으로 돌아갔는지.
그의 호적은 누구에게 올라가 있는지.
모든 진실이 묻혀있다.
승명이가 태어난 후, 얼마 안 되어 부부는 갈라섰다.
임신한 상태에서 헤어졌다면, 아이는 아빠가 누구인지 존재도 알지 못했을 것이다.

 한 인생이 태어날 때부터 이렇게…….
태어나서 아버지 이름 한번 부르지 못한 채, 그는 아버지에게 버림받고 평생을 살아간다. 아버지를 부르지 못한 아들과, 어머니를 부르지 못한 아들이 나의 가족이다.
이럴 수는 없다!
너무나 참담한 비극이다.
흠!
이토록 가혹한 인생의 시작이 있을까?
 승명이를 생각하니 분노가 또 끓어오른다.
"왜 이렇게 살아가야 하냐고!
왜 이렇게 살았냐고!"

아버지의 멱살을 쥐고 흔들며 귀에 소리치고 싶다.
참. 서럽고 쓰라린 인생이다.
내가 성인이 된 후, 승명이는 내 생각 속에서도 사라졌다. 그렇지만 석철이가 돌아오자 그의 생각도 다시 떠올랐다. 그를 다시 기억해 낸 것은 이십 년도 넘은 뒤였다.
승명이는 아버지를 알지 못하고, 어머니는 일찍 돌아가시고 어떤 인생을 살았을까? 인생의 외로움 가운데 고독한 시간을 보내는 것은 아닌지, 긴 한숨이 나온다. 그도 나이 오십 줄에 앉았으니 복잡한 생각이 있을 것이다.
이번 생애 그는 아버지 없는 한평생을 산다.
정말 망한 인생이다!
그는 자신의 아버지와 어머니, 그리고 가족을 어떻게 정리하고 있을까? 승명이 이야기는 어디서부터 시작해서 어떻게 마무리를 지어야 할지 나도 잘 모르겠다.
그저 답답하기만 하다.

 그가 아버지, 어머니에게 버림받은 아픔을 잊어버릴 만큼의 커다란 사랑을 받고, 사랑을 나누며 살아가는 은혜가 인생 가운데 있었으면 하는 바람이다.
 아직 아버지가 살아계실 때, 그 동생도 친부를 만날 기회가 오면 좋겠다. 자신이 살아오는 동안 가슴에 꼭꼭 숨겨두고 꺼내지 못한 한 맺힌 이야기를 풀어냈으면 한다.

 만나지 못한 동생, 승명이의 뿌리를 아는 사람들이 다 떠나고 이제 몇 안 남았다. 자녀들의 고귀한 인생에 책임이 있는 사람들이 하나둘 세상을 등진 모습은 인생의 무상함을 느끼게 한다. 승명이 인생은 무책임한 부모들의 잘못된 선택에 망가졌다. 승명이는 자신의 인생을 누구에게 보상받아야 할까?

 참. 속상하다!
정말 분한 일이다!
 존재한다는 것은 존재를 증명할 사람과 관계를 이루는 것이다. 나의 창조자인 부모가 나를 버린다면 살아있어도 무슨 삶의 의미를 찾겠는가?
삶의 의미를 잃게 된다면 인생의 고뇌조차 다 부질없다.

아! 존재를 잃어버린 이 큰 애달픔.
승명이에게 형이 애끓는 마음으로 전하고 싶다.
"승명아 넌 내 동생이다!
내가 너의 태어남을 알고, 너의 존재함을 기억하고 있다.
아버지가 널 버렸고 어머니가 너를 떠났지만, 넌 내 동생임이 변하지 않는다.
너의 존재 가치는 달라짐이 없다.

넌 내 가족이다!
너는 내 동생이야 승명아.
의미 없는 세상을 나그네처럼 방황하더라도.
자신을 만나는 그 순간.
반드시 자신을 격려해야 한다.
부모 없이 살아온 것에 수고 많았다고.
지금까지 용기 있게 잘 살았다고.
앞으로도 지금처럼 살면 된다고.
이런 내가 자랑스럽다고.
나를 사랑한다고.

문득 자신을 만났을 때.
그 낯섦.
회피하지 마라! 승명아.

살아야 한다.
살아가야 한다.
반드시 살아야 한다.
네가 존재함을 느끼며.
네가 어디 있던지 너의 삶을 격려하고 응원한다."
형이.

나도 평생을 만나지 못했지만, 나를 낳아준 엄마가 아직 살아계신다.
젖 먹이 시절 날 버리고 떠나셨다.
그분은 대체 어떤 분일까?
 아쉽게도 나에게는 엄마에 대한 기억이나 감정이 전혀 없다. 우리 가족은 엄마에 대해서 말하면 안 되는 규칙이 있다. 누군가 정한 것은 아니지만 가족 모두 잘 알고 있다. 엄마를 입 밖으로 꺼내서는 절대 안 되는, 우리 가족만의 철저한 규칙이다. 지금까지 나는 그 규칙을 잘 지키고 있었으나, 석철이는 돌아와 그 엄한 규칙을 깨고 자기 엄마를 만나러 떠났다.
난 아직도 그 규칙 안에 갇혀 있다.

 내가 어린 시절 동네 어른들에게 나를 낳아준 엄마 이야기를 들을 수 있었다. 나의 친어머니가 집을 떠나게 된 것은 할머니의 역할이 컸다고 했다. 큰어머니는 새로 들어온 나의 어머니에게 불평이 많았다. 그래서 할머니에게 이간질을 자주 해 할머니는 어머니를 불편하게 여기셨다. 동네 할머니들은 나에게 "너희 엄마가 참 좋은 사람이었다"라고 말씀하셨다.
 한 번은 아버지가 "참! 나쁜 년"이라고 형수 욕을 하며, "내가 니 엄마와 헤어진 것은 형수의 고자질로 인해 그렇다"라고 말했다. 처음 듣는 이야기였다.
 당시 시골에 살며 돈이 궁했던 며느리들이 시어머니 몰래 쌀을 팔아 과일이나 필요한 생필품으로 바꾸었다. 큰어머니도 할머니 몰래 쌀을 팔았지만, 함께 사는 내 어머니가 판 일을 할머니께 일러바쳤다.
 이 일로 인해 아버지와 어머니의 사이도 나빠졌다고 하셨다. 할머니도 이 사건에 자기책임이 있어 말씀을 못 하셨던 것일 수도 있다. 하지만 아버지의 삶을 보았을 때, 아버지의 폭력과 거친 성격으로 헤어졌을 거라고 나는 믿는다.
 엄마가 그때 아버지와 헤어진 것은 오히려 다행이다. 석철이 엄마처럼 늦게 헤어질수록 고생을 많이 했을 것이다.
이렇게라도 엄마 이야기를 조금이나마 듣게 된 것이 나로서는 참 다행이었다.

 나에게 엄마는 무엇일까?
내 나이 사십에 들 무렵, 나에게 변화가 찾아오며 심리상담소에서 몇 가지 심리검사를 했다. 그중에 엄마에 관한 검사결과가 나왔는데, 엄마에 대한 증오가 매우 크게 나온 것에 나는 놀랐다.
 나는 평생에 엄마를 느껴보지 못했다.

그런데 내가 엄마를 미워하고 분노하고 있다는 사실은 충격이었다. 반면에 심리검사를 통해 내가 그동안 엄마를 얼마나 필요로 했는지 알 수 있었다.

 엄마에게 사랑도 받고 응석도 부리고 싶었지만, 그렇게 하지 못해 나를 버리고 떠난 엄마에게 단단히 화가 난 모양이다. 그렇지만 이런 화난 마음을 숨겨야 살 수 있었다.
그래서 엄마를 마음에 묻고 살아왔다.
 스스로 엄마를 감추고 살아온 것이다.
엄마의 빈자리를 느끼지 않으려고.
엄마의 그리움을 느끼지 않으려고.
엄마를 느끼면 눈물이 나왔고 그래서 울면 아버지의 거친 욕설이 돌아왔다. 나도 엄마의 따뜻한 보호를 받고 싶었다.
저녁이면 엄마의 품에 안기고 싶었다.

 어릴 적 나는 초등학교 삼학년 때까지 손가락을 빨고 잠을 잤다. 손가락을 빨지 않으면 잠을 잘 수가 없었다. 선미 엄마는 나에게 손가락을 빨지 못하도록 다그쳤다.
 그럴 때마다 새우처럼 몸을 구부리고 머리를 푹 숙여 손가락 빠는 모습이 보이지 않도록 숨겨서 몰래 빨곤 했다.
잠들기까지 늘 슬픔과 우울한 마음을 달래야 했다.
손가락을 빨아야지만 잠을 이룰 수 있었다. 그 시절 나에게는 손가락보다 엄마의 가슴이 더 필요했다.

나는 삼십 대까지도 해가 지고 저녁노을이 보이면 매번 불안했다. 어려서 돌아갈 집이 없어 해지는 저녁노을을 보노라면 내 한 몸 갈 곳이 없는 비참함에 한없는 서러움이 밀려왔다. 나에게 엄마가 기다리는 돌아갈 집이 없었다.

 살면서 엄마에 그리움을 느낀 적이 없다고 생각했지만, 내 행동과 감정을 보면 많은 부분이 엄마에게 집중되어 있었다. 나이가 들어가면서 나의 감수성이 살아나 엄마에 관한 생각을 조금씩 느끼고 엄마를 바라보는 마음의 시선이 생겼다. 이제 와 어린 시절을 돌아보면 엄마가 나에게 얼마나 필요했는지 보인다.

 석철이를 입양 보낸 다섯 번째 새엄마를 만났을 때, 나는 그분을 쉽게 엄마라고 불렀다. 거친 아버지와 달리 새로운 엄마의 부드럽고 따뜻한 말씨에 나는 본능적으로 가까이하고 싶은 충동을 느꼈다.

 초등학교 오학년 때, 내 생애 첫 크리스마스 선물도 그분에게 받았다. 빨간색 루돌프 사슴이 그려진 도톰한 겨울 장갑이다. 그분은 내가 상상하던 엄마처럼 마음씨가 참 따뜻했다.

 누구에게나 엄마를 생각하면 떠오르는 자신만의 이미지가 있다. 최근 미술치료를 하며 엄마를 그리는데 나는 여전히 엄마를 그리지 못했다. 엄마의 이미지가 나에게는 없었다. 누구보다 많은 엄마를 만났지만, 그려 낼 엄마가 없다는 것은 내 안에 엄마가 없는 것이다.

 나에게 많은 엄마가 필요하지 않다. 엄마는 한 분으로도 족하다. 나를 사랑해 줄 수 있는 단 한 명의 엄마.

 오래전 나의 생모 소식을 들은 적이 있다.
아버지와 헤어진 뒤 재가해서 딸을 둘 낳았다는 소식이었다. 내가 그분에게 관심이 있는 것은 아닌데, 궁금하기는 했다. 듣고 나니 더 궁금함이 더 생겨난다.
그분은 자식을 버리고 떠난 후 어떤 인생을 살았는지.
그분은 나를 만나고 싶지 않았을까?
나는 왜 그분을 찾지 않는 것일까?
자신이 낳은 아들과 가족이 될 수 없는 팔자인가?
 이번 생애에는 우리가 모자지간으로 만나기 어려울 것이다. 자식을 버리고 살아간다는 것은 일생을 짓누르는 고통이 뒤따른다. 아버지도 이 고통을 못 이겨 나를 버렸다가 다시 찾아오기를 반복했다. 그러나 어머니는 나를 찾지 않았다.
 신은 인간에게 자식을 돌보며 살도록 설계를 하셨으나 이 기능이 정상으로 작동이 되지 않을 때, 자신을 돌아보는 자기성찰 기능이 활성화된다. 우리의 정상적인 기능이 작동하도록 돕는 것이다. 내 어머니도 뿌린 대로 거두는 인생의 법칙을 거스를 수는 없다.
참. 무심한 분이다.

엄마는 아들을 잃었고.
나는 엄마를 잃었다.
피장파장이다.

 나는 결혼 후 딸 둘, 아들 둘의 자녀를 낳았다.
그리고 낳지는 않았지만, 만나서 가족이 된 아들이 있다. 큰딸이 결혼해 사위를 만났으며 손자 손녀가 있다. 또 어릴 적 만난 아내와 삼십사 년간 함께 하고 있다.
 그토록 반복적으로 버려졌던 애물단지 같은 나로 인해 아홉 명의 대가족이 되었다. 내가 이렇게 살아올 수 있었던 것은 전적으로 가족의 힘이 컸다.
 아버지도 자신의 인생이 가족 때문이라고 늘 말씀하셨다. 그중에서 나는 아버지의 인생을 망친 주범이었다.
같은 가족의 힘이 왜 이렇게 달랐을까?
 내가 결혼할 당시.
거친 환경에서 모질게 큰 나는 여성을 사랑할 수 있는 능력이 없었다. 사랑은 모르지만, 사랑이 꼭 필요한 사람이다. 사랑에 굶주려 사랑이 생존의 필수 조건이 되었다. 하지만 사랑을 어떻게 하는지는 모른다.

 자녀를 양육할 능력은 더더욱 없었다. 열여덟 어린 아빠는 자신의 아버지처럼 살지 않겠다고 스스로 다짐한 신념뿐이었다. 아직 아빠로서 준비되지 않은 나에게 첫딸이 태어나 작은 생명을 품에 안았을 때, 나는 큰 설렘과 함께 아득하게 가족이라는 생각이 들었다. 내 인생에 가족이 생겼다는 것과 이 작은 아이를 사랑하고 돌보아야 한다는 책임감을 처음 느꼈다.

 그리고 내가 살아오는 동안 딸은 아버지에게 어떻게 살아야 하는지를 가르쳐 주었다. 아이들 한 명 한 명이 나에게 아버지가 무엇인지를 가르쳤다. 자녀들은 나를 나무라지 않았다. 이들로 인해 나는 사랑을 배웠고 가족을 배웠다. 자녀들은 나를 아빠로 만든 스승이다.

나는 네 아이를 십 년에 걸쳐서 낳고 삼십 년을 함께 살아왔다.

초보 아빠도 할 일이 많다.

여섯 가족만큼 많이 지출되는 생활비도 벌어야 하고, 안전한 가정환경을 만들어주고 아이 한 명 한 명이 자기가 중요한 사람임을 인식시켜 주어야 한다. 사랑할 줄 알아야 하고,

함께 놀아줄 줄 알아야 하고. 자녀들의 가슴에 가족이라는 소중함을 심어주어야 한다.

 네 자녀를 돌보며 성장하기까지 얼마나 많은 부모의 손길이 필요한지, 힘에 부칠 만도 한데 행복하게 살아왔다. 네 명의 아이는 나에게 자녀를 키우며 경험할 수 있는 모든 경험을 하게 해주었다.

 성장기마다 반복되는 희로애락의 삶은 나의 역량을 크게 해주었고 아이를 낳는 것과 양육을 하며 돌보고 책임을 지는 것이 무엇인지 가르쳐 주었다.

 자녀들이 성장한 후, 돌아보니 삶은 완전한 상태에서 시작하는 것이 아니었다. 삶 가운데 배우고 익혀, 반복되는 실수를 줄여가는 노력이 필요했다. 누구나 아버지의 경험이 없이 아버지가 되는 것은, 아버지의 역할에 의해 아버지로 만들어져 가기 때문이다.

 열일곱에 여자 친구와 결혼한다고 했을 때, 대부분 지인은 아버지의 인생을 닮을 것으로 생각했다.

"석진이도 지 애비처럼 싹수가 틀렸다."

불쾌했지만, 결혼생활 내내 이 말을 의식하며 살아왔다.
나도 그 말이 옳다고 생각한다.

 지금에 와서 아버지 인생과 나와 다른 점이 있다면.
나는 자녀들을 사랑하고 자녀들도 나를 사랑한다는 것이 아버지의 삶과 가장 큰 차이이다.

 나는 자녀들로 인해 오랫동안 아버지로 만들어져 왔다. 아버지는 나를 사랑하기보다, 자기 인생에 방해만 되는 거추장스러운 나를 떼어내 버리는 것에 익숙했다. 이런 아버지를 나는 신뢰할 수 없었고 사랑할 수 없었다.

 자녀들은 이미 다 성인이 되었지만, 나에게는 여전히 아버지의 역할이 남아있고, 최근에는 할아버지가 어떻게 해야 하는지 손자에게 교습을 받고 있다.

 공자는 군군(君君), 신신(臣臣), 부부(父父), 자자(子子)라 말씀했다.
임금은 임금다워야 하고,
신하는 신하다워야 하고,
부모는 부모다워야 하고,
자식은 자식다워야 한다는 것이다.
자기다움이 되기 위해 자기를 수련하고 가꾸는 일이 얼마나 필요한지 알 수 있다. 이렇게 하지 않을 때 어떤 삶의 결과를 거두는지 나는 아버지를 통해 일찍 경험했다.

 자녀들은 내가 어떻게 살아왔는지 잘 모른다. 할아버지 역시 어떻게 살아왔는지 잘 모르지만, 할머니가 몇 번 바뀐 것은 알고 있다.

아버지와 나 사이에 일어난 일들을 내 자녀들에게 대물림하지 않은 것은 내 인생 최대 업적이다. 다른 사람들에게는 평범하고 당연한 일이지만 나에게는 빛나는 업적이다. 더 좋은 것을 많이 나누었으면 좋았겠지만, 아버지의 불행한 유산을 자녀에게 물려주지 않기 위한 노력은 나에게 매우 어려운 일이었다. 평범한 일이 나에게는 평범하지 않고 온 힘을 쏟아야 가능했다.

 이렇게 살아온 과정에 아내의 힘겨운 고생이 있었다.

 내가 이문동에서 상담하며 지내온지, 어느덧 십 년이 되어 간다. 나를 치료하기 위해 상담 공부를 시작했다가 이제는 나처럼 같이 아픔을 가진 분들을 위해 내 인생을 바치게 된 것이다. 지난 십 년간 다양한 사람들을 만나며 나름 임상경험도 쌓아졌다. 부모로 인해 생겨난 고통이 지금은 타인을 돌보는 데 사용한다.

 나에게 나타난 마음의 문제가 이렇게 인생을 바꾸어 놓을 줄 전혀 예상하지 못했다. 지금에 와서 인생을 돌아보면 운명은 정해진 것이 아니었고 나의 삶을 가꾸고 보호하려는 지속적인 노력이 이런 결과를 이루었다고 생각한다.

 변화를 위한 아무런 노력이 없이 어느 날 갑자기 미래가 좋아질까? 자신의 미래와 운명을 알려고 사 온 사주풀이 책은 아버지에게 전혀 도움이 되지 않았다.
그래서 나도 사주팔자에 관한 책을 보지 않는다.
 나는 기적처럼 다가오는 미래를 기대하기보다 오늘 사랑을 담은 따뜻한 말을 전하는 것이 더 중요하다.

 내 삶은 두 가족에 의해 큰 변화를 겪었다.
아버지와 함께한 시간은 버려지고 상처받고 고통당하고 지옥을 체험하며 죽어갔다. 그러나 지금의 내 가족에 의해 사랑받고 치료받고 세워지는 체험을 하며 살아왔다.   이 두 가족의 체험은 내 인생 후반기에 '가족이란 무엇인지' 단순하고 명료한 결정을 하게 한다.
태어나 가족이 된다.
만나서 가족이 된다.
가족은 구성 방식이 중요하지 않다.
가족은 꼭 필요한 조건을 갖추어야 한다.
 그것은.
사랑이다.
사랑이 필요하다.
사랑으로 가족이 세워지고,
사랑으로 가족임을 알아가고,
사랑으로 가족이 되겠다고 선택한다.

내 인생에서,
지옥을 체험한 가족에는 사랑이 없었다.
사랑을 가족 모두 나누기에는 매우 부족했다.
사랑을 어떻게 전달하는지 방법을 몰랐다.
사랑이 있었더라도 전달되지 않았다.
사랑을 받으려고 했지만, 나눌 줄은 몰랐다.
사랑을 나누지 않고 독점하려 했다.
사랑은 자기 방식이라 고집했다.
사랑으로 발생한 책임을 지지 않았다.
사랑에 굶주려 모두 고통받고 있었다.

 가족은 태어났다고 해서 완성된 것이 아니다. 가족이 태어났다면 작은 아이에게 사랑을 베풀어 아이가 스스로 가족임을 느끼는 과정이 필요하다. 아이는 자신이 받는 사랑으로 우리가 가족이란 것을 알아갈 것이다. 그리고 그 사랑을 매일매일 확인한다. 이렇듯 태어나서 운명적인 가족관계에도 사랑이 필요하고 또 만나서 가족을 이루는 사람들에게도 사랑은 가장 중요한 조건이 된다.
 우리가 누구를 만나든지 사랑을 나눈다면, 그리고 사랑이 계속 지속된다면, 그 대상을 더 가까이하고 싶을 것이다. 그리고 이 사랑에 만족할수록 더 함께하고 싶은 새로운 가족 형태를 만들어 낸다.

 사랑은 어떤 대상이든지 함께 머물게 하는 힘이 있다. 부모로부터 태어났던지, 세상에서 만났던지 사랑이 흐른다면 함께하고 싶고, 감사하며, 만족하고, 신뢰하며, 희생하고 서로를 돌보는 책임을 질 것이다.
내 삶에서 배운 진리다.

 석철이가 돌아오고 십 년이 넘었지만, 나의 가족관계가 회복된 것은 전혀 없다. 오히려 잠잠했던 내 속을 휘저어 혼란스럽게 했다. 하지만 덕분에 지난 십 년 동안 나를 치료하고 회복하는 시간을 갖고 나에게 의미 있는 인생의 길을 가고 있다. 또 가족이란 무엇인지, 새롭게 정리하게 되었다. 동생이 가족을 찾아온 것은 힘들었지만 분명 유익했다.
 그래도 내가 다시 만나고 왕래를 해야 할 나의 아버지와 어머니 그리고 동생들에게 내 역할을 하지 못하는 것은 마음에 짐으로 남아있어 불편했다.
 하지만 이런 마음의 짐도 이제는 내려놓았다. 가족과 사랑에 대해 더 넓은 지식을 얻었기 때문이다.

 산골짜기에서 시작된 물은 계곡으로 모여 흐르다 시내가

되고 강을 이루고 바다에서 만난다.
바닷물은 모든 골짜기 물이 만나 함께 어우러진다.
바다는 어디 골짜기에서 어떤 과정으로 모이게 되었는지 중요하지 않다.
함께 살아가며 해류를 따라 이동한다.
가장 큰 역동을 가진 집합이 되었다.
바닷물은 골짜기로 다시 돌아가지 않는다.
바다로 오기 위해 골짜기에서 출발했을 뿐이다.

 인생의 흐름도.
첫 출발은 집안과 족보에 따라 시작한다.
차츰 성장할수록 집을 벗어나 작은 사회에 적응해 간다.
그런 후, 세상이라는 더 넓은 곳으로 나아간다.
세상은 다양한 출신과 온갖 경험을 가진 사람들이 모여 집단을 이루며 더불어 살아간다.
내 서울 생활이 이런 모습이다.
나의 성장 배경이나 상처에도 관심이 없다.
내 존재만을 보고 함께한다.
지금 여기에서.

 좋은 관계의 사람들도 멀리 떨어져 만나지 못하고

관계가 단절된 사람들도 만나지 못한다.
못 만나고 살아가는 것이 우리의 일상이다.
그러나 세상 어딘가에서 각자의 삶을 살아가고 있다.
나는 일부러 내 기원의 골짜기를 찾아가 망가진 관계를 회복시키고 싶지 않다. 내가 지금 머문 여기에서 함께 하는 사람들과 더불어 살아가는 것이 편하다.
또 행복하다.

 내 삶에 나와 사랑을 나누며 살아가는 분들이 있어 감사하다. 내가 사랑으로 선택한 새로운 사람들과 공동체를 이루며 못다 한 사랑을 나누며 살아가는 것이 내가 생각하는 가족의 정의다. 이러한 정의는 석철이의 양부모님이 먼저 실천하고 계셨다.
 혈연으로, 운명으로 묶여 사랑하지 못하고 고통당하고 있다면 빨리 끔찍한 고문에서 벗어나야 할 것이다. 여전히 부모에게 도덕과 윤리, 종교와 효도에 묶여 자책하고 있다면 그보다 더 근본이 되는 사랑을 나누고 있는지 살펴보아야 한다.
 가족은 운명의 족쇄가 아니다.
나는 새로운 가족을 선택할 수 있다.
그것은 사랑으로 결정된다.

아버지는 아버지의 인생을 살았다.
어머니는 어머니의 인생을 살았다.
석철이는 석철이의 인생을 살고 있다.
선미도 선미의 인생을 살고 있다.
나도 나의 인생을 산다.
이런 삶이 자유롭다!

 우리 가족이 가장 고통스러운 시절은 서로 가족으로 묶여 벗어나지 못할 때였다. 불편하지만 가족에서 벗어나 연락을 끊고 각자의 인생을 살아가며 상처는 회복되어 갔다. 가장 먼저 석철이가 떠난 것은 그에게 새 인생의 시작이었다.

 선미와 내가 분리될 때.
서로 간섭하지 않는 각자의 인생을 살 수 있었다.
아버지와 내가 분리된 후.
아버지는 혜정 엄마와 십칠 년째 살고 있으며.
나는 인생 후반기에 새로운 길을 가고 있다.
우리는 가족에서 벗어난 후, 각자 자신의 인생을 찾아 더 성숙한 삶을 살고 있다.

 우리 가족이 심리적 지배를 벗어나 독립되기까지는 가족에서 분리된 후에도 많은 시간이 필요했다. 우리는 몸이 떨어져 있어도 오랫동안 연결되고 융합되어 있던 관계를 끊어내지 못하고 심리적 지배를 받고 있었다.

 성인이 된 후에도 여전히 아버지의 지배 속에서 벗어나지 못했다. 이런 무의식에서 벗어나기 위해서, 내가 왜 이렇게 살아가는지 의식을 강화할 필요가 있었다.
무엇이 문제인지 나를 알아가는 것이다.

그리고 스스로 권리를 부여했다.
'난 나를 위해 새로운 관계를 선택할 권리가 있다.'

 너에게 불친절하고 무례한 사람이라면 관계하지 않아도 된다. 그 사람이 가족이든 아버지든 친척이든 누구든지 넌 관계를 단절할 권리가 있다.
'선택은 너의 권리다.'
 나에게 이런 권리를 부여함으로 아버지로부터 해방되고 나의 집안에서 벗어날 수 있었다. 나의 삶을 누구도 지배할 수 없다. 나는 나 다운 삶을 살아야 한다. 우리는 누구나 불편한 관계에서 분리될 권리가 있다. 운명으로 맺어진 관계이지만 사랑이 없다면 무엇이 문제인지 살펴보아야 한다.
 그리고 사랑과 존중을 할 수 없다면 단호하게 관계를 끊어야 한다. 사랑을 못 하는 원인이 나에게 있는지도 살펴보아야 한다.
 사랑은 배우고, 익혀야 할 기술이라고 했다.
내가 정의한 가족은 단순하지만 가장 핵심적이다.
내 책에서는 성숙하고 수준 높은 가족 모습을 나타내지 못했다. 역설적으로 사랑이 없는 가족들이 살아가는 삶의 일대기를 통해 가족으로서 가지 말아야 할 길을 낱낱이 보여주었다.
아프지만 교훈이 있는 이야기다.

 나의 할머니로부터 내 손자까지 오대의 삶이 이어지는 동안 가장 큰 변화의 중심에는 내가 있다. 이렇게 부끄럽고 잔혹한 가족사를 글로써 풀어내는 것은 나의 회복을 통해 내 삶에 사랑과 성숙의 길을 멈추지 않고 가고자 하는 나의 의지이다. 나의 손자에게는 할아버지가 물려주는 사랑의 유산을 가득 채워 살아가기를 나는 간절히 바란다.

 석철이로부터 시작된 가족 이야기가 이렇게 끝을 맺는다.
내 글을 읽어 본 둘째가 석철이에게 이 책을 줄 것인지 물어보았다.
생각지 못한 질문에 당황스러웠다.

음. 고민된다.

나와 다른 삶을 살아온 석철이에게 자신이 몰랐던 원 가족 이야기인 내 책을 주는 것이 좋을지 아니면 할머니처럼 내 기억 속에 묻고 생을 마쳐야 할지.

쉽게 결정하지 못하겠다.

 이 책을 당장은 석철이에게 보여주고 싶지 않다.

석철이에게 자신의 기원을 아는 중요한 자료가 될 수 있겠지만, 이미 넓은 세상에서 자신의 인생 이야기를 쓰고 있는 그에게 의미 있는 일이 될까? 석철이는 나와 가족의 뿌리는 같지만, 가족으로 만들어지지 못했다.

우리가 가족이 아닌 것을 그도 알고 나도 알고 있다.

그저 그가 다가올 때 내가 맞아주는 수준의 관계를 유지하고 있는 것뿐이다.

 더 시간이 흘러 석철이도 아버지가 살아온 인생을 한 인간의 삶으로 수용이 될 때를 기다려 본다. 그때가 되면 석철이도 자신의 인생을 회상할 무렵일 것이다.

인간은 어떻게 살아야 하는지, 관심이 커질 때.

그때가 우리 가족 이야기를 석철이에게 전달하기 적절한 때라고 생각한다.

분명, 우리는 더 성숙해져 있을 것이다.

7
-
사랑이란

사랑이란

우리가 가족임을 알게 한다.

함께해서 행복함을 느끼게 한다.

희생하게 하며 감사함을 알게 한다.

사랑이란

 글을 쓰는 삼 년 동안은.
과거로 되돌아가기를 반복하는 시간이었다.
과거 속에 켜켜이 묻힌 괴로운 기억을 마주하고 기억 속에 숨겨진 감정을 일일이 만나야 했다. 나는 글을 쓰는 동안 기억 속에 묻어 놓았던 감정들을 정리해야 했고, 한편으로는 지금의 일상을 살아가야 했다. 과거와 현재의 경계 속에서 평정심을 잃지 않고 나를 조절하는 것은 어려운 일이었다.
 글 속에서 사십 년 전 나를 만나다가 저녁 식사를 하며 가족들과 일상을 나누려면 감정 전환이 잘되지 않았다.
현재를 살아가지만, 과거의 지배를 받는 이상한 시간이다.

온종일 과거에 몰입되어 있는 날들이 이어졌다. 밤에도 새벽에도 과거의 사건들이 쉬지 않고 나를 찾아온다. 글을 쓰기 위해 몰입해야 하는 것은 필요하지만, 내 글은 소설이 아니라 실제 사건이다 보니 나로 불면의 밤을 뒤척이게 한다.
 나는 이 글을 빨리 마치고 불편한 기억에서 벗어나고 싶은 마음이 간절했다. 책이 마무리되어 갈 때쯤에는 '나의 잔혹한 가족사를 꼭 책으로 출판해서 모든 사람이 알아야 하는가'에 대한 갈등이 많았다.
 못나도 내 부모인데, '못난 모습으로 살아가는 부모님의 인생을 내가 더 힘들게 하는 것은 아닐까.'하고 많이 고민했다.
 좋은 일에도 언제나 그림자가 있다.
음……. 씁쓸하다.
'어서 글을 마치고 나를 힘겹게 하는 감정에서 벗어나야지.'
그리고 큰 해방감으로 사월에 봄을 느끼고 싶다.
아내와 벚꽃을 보며 편안한 낭만 속으로 잠겨 봐야겠다.

글을 쓰기 시작하며 처음에는 '가족이란' 단원을 마지막으로 책을 마치려 했다. 그런데 작년 일 년을 보내며 내가 존경하는 목사님을 통해 사랑에 관해 많이 생각하는 시간을 가질 수 있었다. 목사님을 통해 전해 듣는 사랑이 참 좋았다. '사랑이란' 무엇인지에 일 년을 몰입하며 내가 아직 생각해 보지 못했던 부분을 새롭게 정리했다. 이 책의 주제는 가족이지만 가족의 핵심은 사랑인데, 아무래도 사랑의 이야기를 해야 할 것 같았다.

 그래서 '사랑이란' 주제로 한 단원을 더 늘렸다.
그런데 막상 사랑이라는 주제를 글로 표현하려니 좀 막연하고 한편으로는 우습기도 했다. 사랑을 받지도 못하고 알지도 못하는 내가 어떻게 사랑에 대해 글을 쓸 수 있을까? 생각을 이리저리 굴려보아도 도통 글이 잡히질 않았다. 며칠을 마음에 품고 있었는데, '아무래도 내 안에 담긴 투박한 사랑 이야기를 꺼낼 수밖에 없다.'라는 결론이 나왔다.

 내가 써야 할 사랑은 고급지고 우아하고 아름다운 사랑은 아니다. 내가 살아온 인생처럼 생존적이고 투쟁적이며 거친 사랑 이야기를 쓰는 것이 더 나 다운 것 같았다.
투박한 사랑에 대해서라면 나도 하고 싶은 이야기가 좀 있다.

 내가 나누고 싶은 사랑은 먼저 자기 사랑에 관해서다.
나는 아버지와 어머니에게 소중한 아이로 존중받으며 성장하지 못했다. 쓸모가 없어 함부로 막 대하며 버려진 물건처럼 대우받았다. 이런 환경에서 자란 나는 쓸모없는 사람이고 존중받을 필요가 없는 사람이라고 내면에 자리 잡았다.

나처럼 어려서부터 사랑과 존중을 받지 못하면 스스로 자기를 존중하거나 사랑할 수 없다.
소중한 자기 존재를 잃어버린 것이다.
 시간이 걸리더라도 반드시 자기의 소중한 존재를 찾아와야 한다. 그렇게 하려면 자기를 사랑할 수 있어야 하고 자기를 존중할 수 있어야 한다. 자기애가 지나쳐도 문제가 되겠지만 자기애가 없으면 인간다운 삶을 살아갈 수 없다.
과거 삶으로 인해 스스로 사랑과 존중을 할 수 없다면, 존중받지 못했던 과거의 자기를 만나야 한다. 그리고 존중받지 못한 나를 다시금 사랑하고 격려를 해야 한다.
불편한 나와 나 사이에 화해를 통한 관계를 회복해야 하는 것이다.
 내가 나누고 싶은 두 번째 사랑이 있다.
사랑은 나를 사랑하는 것에만 멈추어 있는 것이 아니다.
자기를 사랑할 수 있을 정도의 성숙함이 있는 사람에게는 마음에서 사랑이 흘러나와 타인에게 전달된다. 이렇게 흘러나오는 사랑을 함께하는 가족과 이웃들에게 나누는 것이다.
 자기를 사랑하며 존중할 줄 알고, 내 사랑을 자녀, 아내, 부모님, 친구, 공동체로 흘려보내는 것은 단순해 보이지만 내가 살아야 하는 가장 강력한 동기가 된다.
 나는 '사랑이란' 주제를 통해 자기 사랑과 이웃사랑, 두 가지를 이야기하고 싶다. 이것은 종교의 가르침이나 사랑의 에세이가 아니다. 생존의 이야기이며 살려면 반드시 두 가지 사랑을 할 수 있어야 한다.
나의 아버지는 이렇게 하지 않았다.
나의 어머니도 이렇게 하지 않았다.
이렇게 하지 않았을 때, 어떤 불행이 찾아오는지 지금까지 내 경험을 충분히 밝혔다.
 내가 소중해지면 타인도 소중하게 보인다.
그래서 먼저 자기를 소중히 여기는 자기 사랑이 꼭 필요하다. 아이가 태어나면 부모로부터 무조건적인 허용과 돌봄, 사랑을 받음으로써 자기 존재가 소중하고 중요하다는 경험을 하며 자기 가치를 배워가게 된다.
 하지만 이미 성장해서 어른이 되었다면, 부모에게 아이처럼 돌봄의 사랑을 받기는 어려울 것이다. 이럴 때는 스스로 자신에게 사랑을 베풀어 소중한 존재로 거듭나야 한다.
 내가 나에게 사랑을 주는 과정은 '어렵다, 쉽다'라는 난이도로 접근하기보다 내 삶을 회복시키는 생존의 동기로 다가서야 한다. 나의 삶을 회복시키기 위한 투쟁은 더 단호해져야 한다.
 이번 생애를 버려진 채 살아갈 수만은 없다.
반드시 나를 사랑할 수 있어야 한다.

그것은 선택이 아니라 필수다.

 이런 삶을 살기로 결정했다면, 나는 그분을 지지하며 격려한다. 그리고 내가 가진 회복의 경험을 함께 공유하길 원한다.

 이 책은 심리학의 깊은 지식을 다루지 않기 때문에 자기 사랑에 관한 책이나 자료를 참고해서 천천히 스스로 돌보기를 부탁한다.

 나는 누구든지 나와 같은 고통스러운 과거에 매여 살지 않기를 바란다. 혹시라도 나와 같은 인생의 고통이 있는 분이라면 나에게 소식을 주어, 어떻게 고통을 멈추고 바른 인생길을 찾아가야 할지 함께 고민했으면 한다.

 혼자 고민하는 것보다 둘이서 고민한다면 우리는 더 지혜로운 방법을 찾을 수 있을 것이다. 나도 여러 사람의 도움으로 나를 사랑하는 모습을 이룰 수 있었다. 이번 생애를 이렇게 힘들게만 살아서는 안 된다.

용기를 내어 연락을 주시길 바란다.

 석철이가 돌아온 후, 나에게 문제가 있음을 알게 되었다. 우리는 누구나 삶의 문제를 가지고 있으며 그러한 문제는 나를 더 성숙하게 하는 좋은 동기가 될 수 있다. 내 삶의 문제를 알면 문제를 대처하는 나만의 방식을 알 수 있다. 가령 문제를 보고 회피하거나 얼어 붙어있거나 투쟁적으로 대처하는 자신만의 특징이 있다. 삶의 문제를 자세히 살펴보면 나를 알아가는 과정은 생각하는 것만큼 어렵지 않다.
다만 시간이 좀 필요하다.

 우리는 누구든지 자신만의 문제 속에서 고군분투하며 살아가는 나를 돌보고 격려하고 지지하여야 한다. 이런 과정을 거쳐 자신을 존중하는 사람이 되었을 때, 비로소 스스로 느끼는 자기 존중감을 알게 될 것이다. 이렇게 자기를 존중하는 것을 알게 되면 자신의 삶도 존중하며 나 다운 삶을 가꾸며 살아간다.

 이러한 삶 속에서 소소하고 작지만, 자기만의 기쁨을 느낄 때, '이것이 행복이구나!'라며 행복을 알 수 있다.

 이럴 때 내가 살아있음을 느끼게 된다. 이렇게 살아있는 나와 자연이 연결될 때, 자연과 교감을 나누는 체험을 할 것이다. 내가 타인과 자연으로 연결되어 살아가는 것이다.

 이런 삶을 살기 위해 자기 사랑이 꼭 필요하다.

 석철이가 돌아온 후, 나와 내 가족에 문제가 있음을 알게 되었다. 나는 이 문제를 해결하기 위해 떠오르는 생각에서 실마리를 찾아 과거로 돌아가 무엇이 문제인지 살펴보았다.

2012년 회복그룹 안에서 집단 상담과 자기 치유 프로그램에 참여했다. 그룹에 참여하는 사람들은 실명이 아닌 자신만의 별칭을 사용하는데 나는 그때 처음으로 '별'이라는 나만의 호칭을 정했다. 그리고 왜 '별'이라고 정했는지 이야기를 해야 하는데 설명할 수 없었다. 내가 정하고도 그 이유를 알 수 없었지만 '별'이라는 호칭이 나로서는 좋았다. 설명할 만한 그럴싸한 이유가 있었더라면 더 좋았을 텐데.
 두 번째 참여해서도 같은 별칭을 사용했지만, 왜 사용하는지 여전히 이유를 몰라서 '별'을 소개할 때는 엉뚱한 말로 얼버무리고 넘어가곤 했다. 삼 년이 흘러 세 번째 참여할 때도 역시 몰랐다.
 반복적으로 사용하는 내 별칭을 내가 정했지만, 왜. 이 별칭을 사용하는지 나도 잘 모르고 사용만 한 것이다. 나는 궁금증을 가지고 수년에 걸쳐 생각했다. 그리고 회복의 자서전인 '겨울아이'를 쓰면서 비로소 알게 되었다.

 어릴 적 부모로부터 내쫓기거나 부모가 나를 버리고 떠난 후 홀로 남겨졌을 때, 찾아오는 막막함은 모든 것이 멈춰지고 캄캄했다.
어디로 가야 하고 어떻게 살아야 하고…….
앞이 전혀 보이지 않는 캄캄한 밤 나에게 작은 빛이라도 보이기를 간절히 원했다. 밤하늘에 별이라도 있으면 밤인 줄 알 텐데.
내게 별빛도 보이지 않았다.
빛이 보이지 않는 캄캄함.
막막함.
아무도 없는 고요 속에 빈방.
똑딱똑딱, 벽시계 소리만 들리는 이 적막함.
어린 나는 작은 빛이 필요했지만,
나를 향한 별을 찾을 수 없었다.
별이 나타나지 않으니 별을 볼 수 없었다.
그래서 내가 '별' 볼일 없는 사람이다.
빛이 없이 사는 것은 살아있으나 산 것이 아니었다.
그것은 육체의 움직임에 불과했다.
내 존재가 살아있음을 느낄 수가 없었다.
또한 캄캄하게 사는 게 답답했다.
캄캄한 곳에 있는 나에게 관심을 주는 사람도 없었다.
사람들에게 내가 여기 있다는 것을 알리고 내 존재가 인정받고 싶었다.

 그래서 나는 스스로 별이 되려고 노력했다.
인정받고 쓸모 있다는 소리를 듣고 싶었기 때문이다.

버려진 채 살아가는 것은 견딜 수 없는 절망이다.
나는 여전히 버려진 채 방치되어 있었다.
에너지가 소진되어도 버려지지 않기 위해.
과도하게 노력하는 나의 모습은 생존 투쟁이었다.
스스로 별이 되어 빛을 내려고 힘겨운 노력을 했다.
주위에서는 다들 열심히 산다고 했다.
그렇게 해서 인정을 받아도 채워지지 않았다.
채워지지 않는 허기를 느끼고 또 느끼고.
벗어날 수 없었다.
공허한 바다를 떠도는 것 같다.
이 공허의 바닷속이 얼마나 깊은지.
넓이는 얼마나 넓은지.
벗어날 수 없는 크기이다.

 나중에야 알았다.
나에게 사랑이 부족하다는 것을.
그것은 삶의 노력만으로 채워지지 않았다.
오히려 노력한 만큼 공허함이 컸다.
나 자신에게 사랑을 흘려보내는 작은 관심이 필요했다.
회복그룹을 통해 처음으로 나의 무력함을 인정했다.
나는 나의 문제를 스스로 해결할 수 없다.

아버지에게 짐짝처럼 내가 버려졌다는 것을 인정했다.

 그리고 난 뒤.
내가.
버려지지 않았다는.
버려지지 않겠다는.
쓸모없는 내가 쓸모 있는 내가 되겠다는.
아버지 인생을 망치는 아들이 되지 않겠다는.
아버지처럼 살지 않겠다는.
아버지를 닮지 않겠다는.
모든 노력을 멈추었다.

 내 인생을 아버지와 비교해 평가하는 잣대를 버렸다.
내 모습 그대로 받아들이기로 한 것이다.
그때부터 무능하고 무력한 '별' 볼일 없는 나를 품고 못난 내 모습을 사랑하기 시작했다.

천천히.
아주 천천히.
시간이 흘러.
별빛은 내 안에 있음을 발견했다.

'빛은 내 존재였다.
내 존재가 빛이었다.'
아버지는 자신의 빛을 발견하지도 못했고
나의 빛도 알아보지 못했다.
내 안에 있는 빛을 발견하고,
내가 살아온 지난 세월을 다시 떠올리며 새로운 긍정의 의미를 부여했다.
그런 다음 아픈 과거를 품고 수용하기로 했다.
내가 살아온 고통의 삶을 부정하지 않고 존중하기로 한 것이다.
내 존재가 살아온 발자취는 빛의 발자취이다.
내 삶이 빛이었다.

 아버지와 새어머니, 친척들에게 고통받고 살아온 과거를 마주하고 바라보니 힘들게 살아온 나에게 처음으로 연민이 느껴졌다.
'내가 힘들었구나!'
'어린 내가 아주 힘들게 살아왔구나!'
힘들게 살아온 나를 돌아보고 나니 나를 보호할 필요성을 알게 되었다. 구박받고 고생하며 살아 온 나를 불쌍하게 느껴본 연민은 처음이었다.

드디어 내가 소중해진 것이다.
감격스러운 일이었다.
 내가 소중해지니 내 안의 생각들, 지난 아픔들이 더 소중하게 보이고 고통 속에 있는 나를 돌보고 싶어졌다.
나는 느끼지 않아야 살 수 있었던 과거의 생존방식을 버리기 시작했다. 감정도 느껴보고 내가 원하는 욕구를 찾아보았다. 그러자 내가 무엇을 원하는지 몰랐던 막연함과 답답함이 조금씩 사라졌다.
 내가 기뻐하는 작은 일들을 찾아 즐거움을 느꼈다.
내가 사랑하는 사람들과 이 즐거움을 나눔으로 행복을 누렸다. 아무것도 느끼지 않고 어떤 욕구도 갖지 않아 무생물처럼 살던 내게 감각이 돌아오고 어두웠던 내 안이 밝아졌다.
내 존재가 소중한 빛이 된 것이다.
지난 과거의 아픔도 이제는 나를 밝히는 빛이 되었다.
더는 빛이 되려고 노력하거나 별빛을 찾아다닐 필요가 없어졌다. 지난 내 삶의 경험은 인생에서 무엇이 바르고 중요한 것인지 분별하게 해주었다.

내가 경험한 '자기 사랑이란' 이런 모습이다.
나를 소중히 여기니 세상이 달라 보였다.
나를 사랑하니 타인도 사랑스럽게 보였다.

나를 존중하듯이 타인도 존중하게 되었다.

 마음속에 자리하던 아버지의 거친 말들이 점차 사라져 갔다. 불편한 기억은 여전히 남아 있지만, 그로 인해 감정이 상하지는 않았다. 자기 사랑은 부모에게 버려져 방치된 나에게 의미 있는 소중한 존재로 거듭나게 하였다.

참. 놀라운 일이다.

 자기 사랑이 가능하게 되니 내 인생이 새롭게 보였다. 열 번도 넘게 깨어진 가정에서 버림받은 인생도 사랑할 수 있는 사람이 되었다. 나는 누구나 자신을 사랑할 수 있다고 확신한다.

 나를 사랑하게 되니 다른 사람들이 살아온 삶의 아픔들도 남다르게 느껴졌다. 상담하며 만나는 사람들에게 내가 경험한 아픔을 통해 내담자를 더 깊이 공감하게 되었고 내가 걸어온 회복의 길을 통해 어떤 길로 가야 하는지 바른 안내를 할 수 있었다. 또한 나의 회복의 책으로 어두운 밤길에 빛을 찾지 못하는 이들에게 작은 빛이 되기를 기대하며 글을 썼다.

 이러한 결과는 내가 살아온 망가진 삶을 조건 없이 수용하고 사랑함으로 가능했다. 이제는 고통을 겪으며 어두운 길에서 갈 바를 알지 못하는 나의 이웃들에게 작은 불빛의 역할을 하고 있다.

크고 유명하지 않지만, 작고 소박한 나의 공간에서 나의 역량만큼의 작은 촛불을 켜고 사람들을 만난다.
우리가 모두 큰 태양이 될 필요는 없다.
작은 불빛이라도 서로를 밝힐 마음이 준비되어 있다면,
세상은 어둡지 않을 것이다.
소소하지만 이러한 삶이 행복하다. 내가 살아 있음을 느낀다. 고통받는 이들을 만나 아픔을 나누지만, 그들이 다시 회복될 것이라는 확신이 있다.
나의 소중한 경험으로 인해.

 나도 늦게나마 '별'이라는 내 별칭을 설명할 수 있게 되었다. '별'은 이제 나의 필명이 되어 표기되는데, 실명을 사용하는 것보다 가족을 보호하는데, 유용하다.
 내 안에 빛을 보게 된 것은 나를 사랑하고 존중함으로 볼 수 있었다. 이렇듯 누구나 자신에 관한 관심과 나를 알아가는 작은 노력만으로도 가능하다. 이런 노력은 지금 나에게 어떤 사랑이 필요하며, 또 어떻게 사랑을 불어 넣어야 할지, 섬세하게 조절할 줄 알게 한다.
 나를 알아가는 감수성을 예민하게 하는 것이다.
나에 대한 감수성이 예민해지면 타인의 존재도 예민하게 바라보며 관찰하는 통찰력이 생긴다. 이런 통찰력의 발달은 다른 사람들과 어떻게 관계를 맺으며 사랑을 흘려보내야 하는지 알게 한다.
점점 더 성숙한 사랑의 나눔을 배워가는 것이다.
 먼저 시작된 자기 사랑은 자신 안에 사랑을 머금게 하고 이 사랑이 자신 안에 채워지면 이웃을 향해 넘쳐흐르게 된다.
나 역시 나를 사랑할 줄 알게 되며 천천히 이웃으로 흘러가는 사랑이 내 안에 채워졌다.
 이웃사랑이 흘러나오기 전까지, 스스로 자기 존재를 중요하게 여기는 과정은 시간이 걸린다. 긴 시간이 필요하지만 우리는 반드시 나를 소중히 여기는 삶을 살아내야 한다.
 나의 아버지처럼 반복적인 인생의 실패가 있더라도.
거듭 실패하는 내가 한없이 부끄럽더라도.
부끄러운 나를 마주하고 다시 기회를 주어야 한다.
신은 나의 아버지께 원하는 만큼 기회를 주셨다.
그리고 너무 잘하려고 애쓰지 않아도 된다.
전문가의 조언을 듣고 작은 변화를 시도하는 것.
생을 마칠 때까지 자기를 사랑하며 살아가는 것.
나는 이것이 각자 인생의 사명이라고 생각한다.

 나는 이문동에서 손에 꼽히게 가난하다.
그렇다고 나의 사랑이 가난한 것은 아니다.

사회적으로 성공을 거두었더라도, 마음이 공허한 사람들을 위로하고 다시 살아갈 수 있는 사랑을 넣을 정도는 늘 준비되어 있다. 나는 앞으로도 이웃에게 사랑을 흘려보내는 일에 인생의 시간을 계속 사용하고 싶다.

 나의 작은 사랑이 외부로 흘러가 함께 살아가는 소중한 가족이 있다. 십 대에 만나 서른이 넘은 영석이는 나의 아픈 손가락이다. 어린 나이에 부모님을 잃고 보호를 받던 중에 나를 만나게 되었다. 우리는 서로에게 꼭 필요한 존재가 될 것이란 것을 알았다.
 나는 영석이에게 함께 가족이 되는 것을 말했다.
우리는 긴 시간 동안 관계를 이어왔다.
나는 영석이에게 사랑을 채워주려고 관심을 기울였다.
 지금도 영석이는 나와 같은 지역에 살고 자주는 못 보지만 언제든지 전화로 만난다. 영석이는 나에게 돈을 많이 벌어야겠다고, 입버릇처럼 이야기한다. 그리고 번 돈으로 나에게 집도 사주고 호강시켜주겠다며 사뭇 진지하게 말한다. 참 고마운 이야기다.
돈을 많이 벌려는 영석이의 노력에 내 이야기는 한결같다.
"영석아 네가 돈을 많이 벌어도 좋지만, 돈을 못 벌더라도 우리는 충분히 사랑할 수 있다.

너와 함께 이야기를 나누며 살아갈 수 있어서 좋다.
돈이 없더라도 우리가 함께 할 수 있어서 아주 행복하다.
난 앞으로도 너와 이렇게 살고 싶다."
우리는 이런 관계로 살아간다.
내가 영석이의 존재를 중요하게 여기고 우리의 관계가 함께 하고 있다는 것을 마음에 꼭 쥐여 주려고 노력한다.
돈 벌고 싶지 않은 사람이 누가 있을까? 그러기에 앞서 우리는 존재가 중요하다. 사랑할 수 있는 그 사람이 중요하다.
내가 그를 낳아서 가족이 되었든지, 만나서 가족이 되었든지, 그 이유가 우리의 사랑에 걸림돌이 되지는 않는다.
나는 앞으로도 영석이와 나눈 사랑의 시간을 추억하며 함께 살아가고 함께 늙어갈 것이다.
나에게는 영석이가 소중하다!
 사랑하려면 사랑하는 대상의 가치를 가장 높은 곳에 두어야 한다.
돈보다 더 높은 곳에.
일보다 더 높은 곳에.
능력보다 더 높은 곳에.
결과보다 더 높은 곳에.
이렇게 할 때, 자신이 소중해지며, 내 이웃이 소중해 보인다.

나의 존재를 사랑하고 존중하는 것은 자신의 노력뿐 아니라 이웃들의 사랑이 함께 한다면, 더 큰 변화를 일으킨다. 내가 영석이에게 사랑을 흘려보내듯이, 나에게 사랑을 흘려보내시는 고마운 분들이 있다.

자기 사랑에서 더 나아가 성숙한 사랑을 타인에게 보내시는 분들 덕분에 나도 이웃에게 사랑을 나눌 줄 아는 사람으로 성장했다.

내게 십 년이 되어가도록 매월 후원하시는 분이 계신다. 내가 존경하는 이 박사님은 수년 전부터 매월 삼만 원을 보내주셨다. 내가 그분을 처음 만났을 때, 나는 그분께 영향력이 있거나 후원받을 만한 자격의 사람이 아니었다. 그분이 내 존재를 보시고 후원했다고 나는 믿는다. 나는 이 부분이 너무 감격스럽다. 아버지 어머니도 나를 버렸는데, 그분은 왜 나에게 이렇게 하실까! 혼자 생각하면 눈물이 찔끔 난다.

처음 삼만 원이 들어왔을 때, 후원하신 마음은 고마운데 큰돈이 아니라 어떻게 사용해야 할지 몰랐다.
두 번 세 번 돈이 들어오자 마음이 불편해졌다.
주신 분의 마음만큼 잘 사용하지 못하는 것 같아 고민이 된 것이다. 나는 아내와 상의한 끝에 매월 책을 사는데, 이 돈을 사용하자고 결정했다.

 매월 입금되는 삼만 원으로 책을 사서 이 년 만에 이백여 권의 책이 모였다. 상담 공부를 하며 계속 책을 사봐야 하는데 이 박사님께서 내가 상담 공부를 하는데 큰 지지를 보내주신 것이다.

 매년 늘어나는 책을 보며 연말에 감사의 인사를 나누고 더 깊은 관계를 맺을 수 있었다. 그때부터 사기 시작한 책은 이제 천이백 권이 넘었다.

 긴 시간, 한 사람을 지켜보며 그 존재를 인정하고 지지하는 것은 큰 아픔이 있는 사람이더라도 분명 변화의 기적을 일으킨다.

 처음에는 그 책을 통해 나를 치료했지만, 이제는 책에서 배운 지식으로 타인을 돕는 일에 중요한 역할을 하게 되었다. 누군가 한 사람을 세우기 위해 베풀어준 사랑이 이제는 다른 사람들에게 흘러가 많은 회복의 열매가 맺히게 된 것이다.

이 박사님의 이런 삶을 나도 본받고 있다.

 나는 지금까지 상담하며 따로 상담비를 받지 않는다.
내가 오랫동안 상담비를 받지 않고 살아올 수 있었던 것은 특별한 분이 내게 베풀어 준 사랑이 있어 가능했던 일이다.

동네에서 만나 나와 친밀한 관계를 이어오던 분이 계셨다. 이분은 내가 하는 상담 일에 관심을 두셨으며 다른 사람들을 돕는 유익한 일임을 공감하셨다.

 그리고 자신이 소유한 건물 공간 일부를 상담실로 내어주셨다. 그뿐 아니라 자신의 사비를 들여 내부 실내장식을 하고 집기까지 준비해 주셨다.

또한 그때부터 매월 전기세까지도 책임지고 계신다.

그분과 나는 피를 나눈 친형제도 아니다. 또 친형제라 하더라도 이런 일은 쉽지 않다고 생각한다.

 팔 년을 건물 임대료도 받지 않고 전기세에 수도세까지 내어주시며 내게 사랑을 흘려보내고 계신다. 나는 그분에게 미안해서 상담실에 혼자 있을 때는 불을 켜지 않을 때가 많다.

 나는 이 공간에서 팔 년간 많은 사람을 만났다.

나는 그들에게 다시 살아갈 힘과 사랑을 제공한다.

이렇게 격려를 받은 사람들은 각자의 자리에서 다시 자신을 돌보며 살아간다. 자기 삶이 회복되면 자신과 비슷한 상황에 놓인 다른 사람을 돌보며 살아갈 것이다.

 흘려보내는 사랑이 어떻게 순환되는지 잘 보여주는 사례이다.

 삼만 원의 기적과 자기가 가진 소유 일부를 나누는 사랑은 내가 그분들과 함께 살아가며 받은 '이웃사랑'이다. 그분들이 나에게 베풀어 준 이웃사랑은 나를 통해 새로운 형태의 이웃사랑으로 내담자들에게 전해진다.
 사랑이 계속 흘러나오는 것이다.
사랑은 살아있어서 정체되지 않고 흘러가며 더 커진다.
이처럼 우리의 삶도 가족으로부터 받은 사랑을 가슴에 품고 세상이라는 넓은 곳에 모여 나누게 될 때, 사랑이 순환되는 세상은 많은 사람을 살리는 생명력을 더할 것이다. 나는 이런 지식이 온 세상에 가득하길 원한다.
 이것은 도를 깨우치는 것이 아니다.
그렇다고 종교인들만 하는 것도 아니다.
인간이 태어나 사랑하며 살아가는 가장 기본적인 삶의 순리이다.
이런 사랑을 알아가는 과정이 인생이다.
오늘도 나에게 이 사랑의 기적이 일어난다.
 나의 아버지는 이런 순리적인 삶을 살지 못하고 역리적인 삶의 결과로 일생을 고통받고 사셨다.

 '사랑은 살아있다!'
 타인에게 필요한 것을 채우는 것은 사람을 세우는 큰 힘이 된다. 이일은 자신의 소유를 나눌 때 가능한 일이다.

먼저 자기 사랑이 되지 않으면 이웃에게 자기 소유를 나누는 일은 한계의 벽을 넘지 못한다. 자기를 연민하고 사랑하는 것은 타인의 아픔을 이해하고 공감하는 감수성을 발달시킨다. 공감은 타인을 향해 나눌 수 있는 것에 감사함이 느껴지도록 돕는다.

 내가 상담비를 받지 않는 것에, 많은 분이 의아해하며 왜 돈을 받지 않는지 질문을 한다. 나는 "우리가 만나서 마음을 나누고 이야기하는데, 돈이 필요하지는 않습니다"라고 설명하며 내게 사랑을 주시는 특별한 분들과 상담소가 어떻게 운영되는지 알려준다.
 내가 혼자 일하는 것이 아니라 나에게 사랑을 베푸는 많은 분이 나를 도와 함께 일한다는 것을 알려줄 때, 자신이 받은 사랑이 더 소중한 것을 알게 된다.
또한 보이지 않는 손길에 감사함도 느낀다.
 사랑은 흘러갈수록 그 힘이 세지며 마음에 파도를 일으킨다. 나도 이런 사랑을 받으며 사람들을 만날 때, 한 사람 한 사람에게 최선을 다하게 하는 힘이 생긴다.
 나를 향한 이웃의 도움이 나를 더욱 존중하고 사랑하고 중요하게 여기게 하는 효과가 있다. 언어로 사랑을 나누는 것도 중요한 일이지만 이렇게 자기의 소유를 나누는 일은 더 큰 힘이 있다.

 나의 이웃 중에는 차와 커피 원두를 사 오시는 분들,
몇 년째 휴지를 후원해 타인의 눈물을 닦아주는 친구,
내 생활이 안정되도록 집을 알아봐 주고 주거 공간을 제공해 주시는 분,
상담이 필요한 분을 찾아 나에게 소개해 주시는 분.
다양한 방법으로 우리가 함께하며 사랑하는 것을 표현하고 있다. 그런데도 이런 관심과 사랑을 보여주신 분들은 자신이 한 일이 없다고 손사래를 치신다.
자기가 베푼 사랑을 스스로 작게 여길 수는 있겠지만, 이런 관심이 모여 사람을 돕고 살려내는 일을 가능하게 한다.

 이런 분들을 어디서 어떻게 만날 수 있을까?
막연한 것 같지만,
내 근처 가까운 이웃들이다.
내가 나를 소중히 여기듯이 타인을 소중히 여기면서 관계는 시작되고 시간이 갈수록 신뢰는 깊어진다. 누구든지 나를 존중하고 사랑해 주는 사람에게 자신이 소유한 것들을 나누기 시작한다.
우리는 누구나 이런 좋은 마음을 담고 있다.
 나를 만나는 사람들은 종교나 지역이나 나이나 직업이나

빈부에 상관이 없다. 우리는 이 시대를 살아가는 한 사람으로 다양한 삶의 주제로 대화를 나누고 있다. 자신이 처한 문제가 해결되지 않더라도 괜찮다. 이웃이 하는 이야기에 조금 귀를 기울여 듣고 작은 공감을 하는 것이 필요하다. 우리가 함께하며 공감할 때 마음이 열린다. 나는 그것이 사랑의 시작이라고 믿는다.

 우리가 누군가에게 사랑을 흘려보내면 이 사랑은 정체되거나 소멸하지 않고 흘러가는 곳마다 사랑의 관계를 만들어 낸다. 나는 이런 사랑의 관계가 새 힘을 주어 다시 살아가게 하는 것을 많이 목격했다.

이제는 약간의 자신감도 생겼다.

문제를 해결할 수는 없지만, 문제를 가진 사람과 함께 대화를 나눌 수는 있다. 함께 할 수 있다면 우리는 이웃이 된다. 이웃이 되면 사랑을 전할 기회가 생겨난다.

 나는 내담자들에게 나에게 사랑을 보내준 고마운 분들의 사연을 이야기하며 인간의 아름다운 삶이 무엇인지 설명한다.

 내가 사 년째 함께 하는 공동체가 있다.

우리는 매주 북한산 밑에서 만나 마음을 나눈다.

우리는 만나서 여행도 가고 등산도 함께하며 책 모임도 하고 식사도 함께한다. 소소한 일상 속의 다양한 주제로 세대를 넘나들며 이야기를 나눈다. 다른 사람의 이야기를 들으며 서로를 지지하며 격려하는 시간을 가질 때, 함께한다는 행복감에 젖어 든다.

 우리 중에는 장애를 가지신 분도 계시고 초등학생도 있다. 혼자 사시는 분도 계시고 가족으로 오시는 분도 계신다. 다양함이 있지만, 차별이 없는 공동체로 살아간다.

모인 분들의 성격이 다르며 정치 성향도 다르다. 고향도 다르고 취향도 다르다.

 공동체를 이루는 것이나 사랑을 나누는 것에 이런 다름이 방해되지는 않는다. 자신의 주장을 조금 내려놓고 타인을 존중한다면 누구나 가능한 일이다.

 우리는 각자 삶의 현장과 직업을 가지고 살아가지만, 함께하며 서로에게 보내는 지지와 응원으로 새로운 에너지를 충전하는 것이다. 나는 만날 때마다 다른 분들에게 큰 위로를 받는다. 매주 사랑하는 분들을 만나는 날이 나는 기다려진다.

두 번째로 나누고 싶은 '이웃사랑'이 이런 모습이다.

 사랑은.

우리가 가족임을 알게 한다.

함께해서 행복함을 느끼게 한다.

사랑으로 희생하게 하며 감사함을 알게 한다.

혈연으로 맺어져 운명적인 가족으로 살아가는 삶이 고통스럽다면 고통에서 벗어나 자기를 보호해야 하며 또 더불어 살아갈 새로운 공동체를 찾는 것이 필요하다.
나와 함께하는 사랑의 공동체가 없다면 우리는 외로움 속에서 인생을 살아가야 할 것이다.
 사람들과 함께한다는 것이 좋은 일만 있는 것은 아니다. 다양한 갈등과 희로애락이 있지만, 그러한 상황으로 우리는 더욱 성숙해져 가며 수준 높은 인간관계를 배워갈 수 있다.
 이런 공동체를 통해 우리가 살아가는 삶 속에 사랑이 채워지며 이 사랑을 경험한 자녀 세대들은 자신이 받은 아름답고 고귀한 사랑을 이웃에게 나누며 살아갈 것이다.
사랑은 살아있어 세대를 넘나들며 흐른다.
자기를 사랑할 줄 알며.
이웃을 사랑하는 방향으로 성장을 이루어 간다면.
인생의 사명을 다 이룬 사람이라고 생각한다.

고민하고 망설이던 '사랑이란' 단원을 이렇게 나의 서툰 사랑 이야기로 정리하고 마친다.
부끄럽지만 지난 오십 년의 삶에서 겪었고, 깨달아진 나의 자서전이다.

나이가 들수록 아버지의 삶이 잘못되었다는 것을 깊게 알아간다. 그러나 아버지의 존재를 부정하는 것은 아니다.
나에게는 어머니도 아버지도 다 필요했다.
아버지도 석철이의 양부모님처럼 훌륭한 부모를 만났더라면, 인생이 달라졌을 것이다. 이제는 상처 입은 내 이웃으로 아버지와 어머니를 바라보며, 고통스러운 삶에 위로를 전한다.

"아버지, 살아오시느라 수고 많으셨습니다!
남은 노년을 편안하게 사시길 아들이 전합니다."

"어머니, 이번생에 우리가 만나지 못함은
매우 가슴이 아픕니다!
이제는 가슴에 묻은 아들을 내려놓고
편안한 생을 사시길 바랍니다."

 석철이가 돌아오며 시작된 삶의 충격을 글을 쓰며 정리하는데 삼 년이라는 긴 시간이 필요했다.
 수없이 생각하고, 당시 가족들의 마음을 헤아리며 울었다, 웃기를 반복하고 혼자만의 시간을 보냈다.
과거는 과거대로, 현재는 현재대로.

오십 년을 방치한 기억들이 글과 함께 정리되어 간다.
이제는 옛 기억을 추억하며 바라볼 수 있는 힘이 생겼다.
글을 쓰는 동안 인생철학이 더욱 또렷해졌다.

나는 누구이며.
어떻게 살아야 하는지.
우리가 무엇을 위해 살아야 하는지.
나는 사랑받을 소중한 존재이며.
자기를 사랑하고 이웃을 사랑하며 살아야 한다.
우리는 더불어 사랑하며 살아야 한다.

그러나 아직 채우지 못한 부족한 부분도 있다.
아버지, 어머니.
앞으로 살아가며
사랑으로 채워야 할 부분으로 미루어 둔다.
아직 남아있는 나의 생애를 기대하며 아버지가 필요한 이들에게, 내가 아버지가 되어 사랑을 나누며 살아가련다.

부끄러운 내 가족 이야기를 글로 옮기고 책이 완성되어 갈 무렵, 출판하기까지 많은 용기가 필요했다. 나의 글을 통해 아버지의 삶이 부끄러워지길 원치 않기 때문이다.

내가 이렇게 용기를 낸 것은 나와 비슷한 아픔을 가진 분들에게 작은 위로를 건네주고 싶은 나의 아픈 마음이다.
　책을 읽는 분들이.
이 책을 통해 다시 삶에 희망을 얻는다면.
비슷한 처지에 공감하고 책을 보며 울분을 느낀다면.
같은 경험으로 내용에 몰입하며 피식 웃음이 나왔다면.
자신의 삶을 돌아보며 감사함을 느꼈다면.
주위를 돌아보아 사랑을 나누려는 동기를 얻었다면.
내 인생의 경험을 나누며 글을 쓰는 수고로움에 가장 좋은 열매를 거둔 것이다.
상처를 공감하므로 우리는 새롭게 살아갈 힘을 얻는다.
책을 통해 나의 사랑과 위로를 세상으로 흘려 보낸다.

독자분들에게 사랑을 전하며 책을 마칩니다.
감사합니다.

마침의 글

수선화

 작년 5월에 꽃이 지고 자취를 감추었던 수선화가 추운 겨울의 굳은 땅을 뚫고 연둣빛 새순이 올라왔습니다. 그동안 땅속에서 무엇을 하고 지냈는지 수선화에게 물어보니, 다시 꽃을 피우기 위해 준비하였다고 하네요.
 아내가 화초를 좋아해 상담실에 하나둘씩 늘어가던 화분이 지금은 꽃 카페처럼 많아졌습니다.
 덕분에 제가 식물들과 교감하는 감수성도 깊어졌네요.
 매일 꽃을 보며 살아가니 저도 꽃이 되어갑니다.
 이제는 다른 사람도 꽃으로 보여 아름답습니다.
 가끔 큰 꽃이 피면 그 화려함이 좋아 잘 보이는 곳에 두지만 아쉽게도 꽃은 클수록 빨리 시들어버려 추해지는 모습에 화분을 다른 곳으로 옮겨둡니다. 그런데 숨어서 작게 피는 꽃은 향기가 진해 향으로 꽃을 찾아보게 합니다. 꽃이 피고 지는 모습도 우리네 인생살이와 비슷하다는 생각이 드네요.
 잠깐 피어난 꽃이 진 후, 다시 꽃을 피우기 위해 땅속에서 오래도록 준비하는 시간을 갖는 수선화처럼.

저의 글쓰기는 지난 아픔을 달래며 성숙한 인생을 살기 위한 긴 성찰의 시간이었습니다. 오롯이 혼자만의 깊은 시간을 보내는 수선화와 다르게 저는 아직 외로움을 견뎌 내는 힘이 약합니다.
이런 저의 연약함을 아시고 제가 글을 쓰는 과정 동안 소중한 분들이 격려와 지지로 함께 해 주셨습니다.
 책이 마무리되기까지 꼼꼼히 원고를 수정해 주고 디자인과 편집으로 수고해 준 자녀들과 다시 글을 쓸 수 있도록 영감을 준 아내, 또 옆에서 원고보다 자기를 봐 달라고 다가오는 손자는 글을 쓰는 동안 저를 외롭지 않게 해주었습니다. 매주 만나서 사랑을 전해 준 공동체 가족분들에게도 제가 은혜를 입었습니다.
그리고 이 책을 출판할 수 있도록 마음을 담아 후원해 주신 한 분 한 분께 감사 인사를 전합니다.
 또한 늘 함께해 주시고 격려의 글을 써 주신 류 목사님, 멀리서 큰 지지를 보내주시는 이 박사님, 고맙습니다
사랑합니다.
모두 사랑합니다.
사랑받으니 살아있음을 알게 되었습니다.
자취를 감춘 수선화는 다시 싹이 날 시기를 땅속에서 고요히 기다리며 내년에도 꽃을 피울 것입니다.

미국으로 입양 간
동생이 돌아왔습니다

초 판 발 행	|	2023. 03. 15
지 은 이	|	별
펴 낸 곳	|	도서출판 노드
편 집	|	박청은
주 소	|	전라남도 장성군 진원면 상림길 26
전 자 우 편	|	hulee3@daum.net
발 행 처	|	도서출판 노드
전 화	|	010-3203-5459
I S B N	|	979-11-954870-6-6

· 본 책의 판권은 지은이와 도서출판 노드에 있습니다.
· 본 책의 전부 또는 일부를 재사용하려면 반드시 양측의 서면 동의를 받아야합니다.
· 책값은 뒷표지에 있습니다.